KB097918

이 시대와 맞서 싸우기 위해

롭 리멘 지음
조은혜 옮김

이 시대와 맞서 싸우기 위해

To Fight Against This Age

파시즘과
인문주의에
관하여

오월의봄

일러두기

1. 이 책은 *To Fight Against This Age: On Fascism and Humanism*(WW Norton & Company, 2018)을 기준으로 번역했다. 원서에서는 책의 두 번째 장 〈에우로페의 귀환〉에 등장하는 인물과 사건이 픽션임을 명시하고 있다.

2. 본문의 모든 주와 대괄호 ( )는 이해를 돕기 위하여 옮긴이가 추가한 것이다.

3. 원저자가 학술 인용 표기를 하지 않았기 때문에 한국어판도 원저자의 스타일을 따랐다. 단, 본문에서 인용된 책의 한국어판을 참고하거나 인용했을 경우 159쪽에 해당 한국어판의 서지 사항을 밝혔다. 또한 본문에 등장하는 책 원제는 한국어판이 출간되지 않은 경우에 한해 기재했다.

4. 중략 및 생략 표시는 저자가 한 것을 따르되, 저자가 중략 표시를 하지 않고 직접인용한 경우 옮긴이가 중략 표시를 추가했다.

에블린에게

For Eveline

차례

우리 시대는 그야말로 생생하게 그리스의 도시국가가
붕괴해가는 과정을 상기시켜준다. 일체의 것들이 여전히
존속하고 있지만, 그것을 믿고 있는 사람은 이미 아무도 없다.
우리 시대에 타당성을 부여해주는 눈에 보이지 않는 정신적인
유대는 이미 존재하지 않는다. 그래서 시대 전체가, 곧
희극적이고 또 동시에 비극적이다. 비극적이라고 하는 것은
시대가 썩어가고 있기 때문이고, 희극적이라고 하는 것은
시대가 그래도 그냥 지속되고 있기 때문이다.

—쇠렌 키에르케고어,《이것이냐 저것이냐》

서문

나는 2010년에 네덜란드에서 《파시즘의 영원회귀》라는 제목의 글을 출판했다. 그때 내가 보기에 파시스트 운동의 부활은 이미 명백한 사실이었다. 이런 일이 네덜란드 같은 부유한 복지국가에서 일어날 수 있다면 파시즘의 회귀는 21세기 어디서든 일어날 수 있는 일임을 깨달았다. 정치인과 학자들의 격렬하고 분노에 찬 비판에도 불구하고 그 작은 책은 즉각 베스트셀러가 되었다. 나는 그들이 보여준 부인否認 상태에 놀랐고 아직까지 우려하고 있다. 왜냐하면 나는 아놀드 토인비가 걸작 《역사의 연구》에서 한 주장, 즉 문명의 붕괴는 불가피한 것이 아니라 지배 엘리트가 변화하는 상황에 적절히 대응하지 못하거나 오로지 자신들의 이익에만 집중하기 때문에 일어난다는 주장에 동의하기 때문이다.

공자나 소크라테스 같은 현인들은 무언가를 이해하려면 대상을 올바른 이름으로 불러야 함을 알고 있었다. **포퓰리즘**populism이라는 용어는 현대의 대중 반란을 서술하는 말로 선호되지만, 정작 그 현상에 대해서는 어떤 의미 있는 이해도 제공하지 않는다. 하버드대학교 교수이자 저명한 정치사상 이론가였던 주디스 슈클라Judith Shklar가 루소의 사회

이론을 연구한 저서《인간과 시민Men and Citizens》에서 전적으로 옳게 말했듯이, 포퓰리즘이란

이데올로기와 정치운동에 적용될 때조차 매우 미끄러지기 쉬운 용어다. 그 단어가 적대적 태도의 혼란스러운 뒤섞임 이외에 무언가를 나타내기는 하는가? 포퓰리즘이란 그저 명백히 '좌파'도 '우파'도 아닌 사람들을 애매하게 지칭하는 말이지 않는가? 이 단어는 보수주의, 자유주의, 사회주의 이외에는 그 어떤 이데올로기적 가능성도 허용할 수 없었던, 마치 자연법칙이기라도 한 것처럼 '우'와 '좌'의 기둥을 오갔던 역사 기술이 등한시해왔던 모든 이들을 포괄하지는 않는가? 포퓰리즘은 종래의 사상이 가진 자산 안에서 허가증을 얻을 수 없었던 반란일 뿐이지 않겠는가?

포퓰리스트라는 용어를 사용하는 것은 파시즘이라는 유령이 또다시 우리 사회에서 배회하고 있다는 점을 부인하는 풍조를 조장하는 여러 방법 중 하나일 뿐이다. 그것은 또한 자유민주주의가 자신의 대립물, 즉 민주주의 정신을 박탈당한 대중민주주의로 변해버렸다는 사실을 부정하는 행태다. 왜 이렇게 부정하려는 것일까?

과학기술의 관점에서 보면 유령과 영혼이 존재하지 않는다는 것이 그러한 부인의 이유 중 하나일 터다. 이는 자연의 관점에서 당연한 사실이다. 그러나 인간의 본성과 사회는 다른 종류에 속한다. 과학과 기술은 본능과 욕구, 덕과 가치, 마음과 영혼을 지닌 인간 존재에 대한 완전한 이해를 결코 제공할 수 없을 것이다. 진정한 과학자라면 모두 이를 알고 있다. 슬프게도 우리 지배계급 중 다수는 이 사실을 모른다. 지배계급의 사회 이해는 증거, 데이터, 이론 그리고 정의定義라는 과학 패러다임에 의해 제한받고 있다. 따라서 인문학과 예술은 무시되고 묵살당한다. 그러나 시와 문학, 철학과 신학, 예술과 역사의 지혜야말로 인간의 마음, 상충하는 이해관계로 구성된 사회의 끊임없는 복잡성, 현대의 운동과 격변의 기원 그리고 민주주의 문명이 진실로 필요로 하는 것에 대해 참된 이해를 제공할 수 있는 유일한 지식이다. 이것은 문화의 영역이며, 여기에서 우리는 역사의 뮤즈 클리오*를, 항상 손에 책을 든 채로 우리에게 역사의식이라는 선물을 주는 이를 찾을 수 있다. 그러나 클리오를 알고

---

* 제우스와 기억의 여신 므네모시네 사이에서 태어난 아홉 뮤즈 중 역사와 영웅시를 맡은 뮤즈로, 역사가들의 수호신이다. 각종 예술작품에서 양피지 두루마리나 책, 트럼펫 등을 들고 등장한다.

그가 주는 선물의 은혜를 입으려면 책을 읽어야 한다.

파시즘의 회귀와 민주주의 정신의 상실을 받아들이기 힘든 두 번째 이유는 계몽의 전통을 신봉하는 정치적 좌파들의 당혹감이다. 그들의 '신앙'에 드러난 사고방식—인류의 진보, 인간의 천성적 선함, 합리성, 관습 그리고 정의로운 사회를 지탱하는 주된 기둥으로서의 정치적/사회적 가치—은 항상 권력의지, 욕망, 욕구 그리고 자기이익 추구가 이 인간의 조건에 미치는 영향을 인정하기 힘들게 만든다. 요점은, 우리 인간은 합리적인 만큼이나 비합리적일 수 있으며, 파시즘은 우리의 비합리적인 정서 중 가장 최악의 정서, 즉 원한resentment, 증오, 제노포비아, 권력욕 그리고 공포를 정치적으로 양성한다는 것이다!

파시즘에 물든 유럽을 직면한 루스벨트 대통령은 1933년 3월에 다음과 같은 취임 후 첫 연설을 할 때 자신의 말이 무엇을 의미하는지 알고 있었다. "우리가 두려워해야 할 것은 단 하나, (……) 공포 그 자체다!" 그는 공포의 손아귀에 휘둘리는 사회가 파시스트 이데올로기와 독재자의 거짓된 약속에 쉽게 호응한다는 것을 잘 알고 있었다.

위기감, 경제적 불안정 그리고 테러나 전쟁의 위협 등이 공포 분위기를 조성한다는 사실은 이미 알려져 있다. 파시즘의 회귀를 저지하고, 맞서 싸우고, 제거하지 못하는 무

이 시대와 맞서 싸우기 위해

능은 우리가 알아내지 못한 공포의 원인에서도 비롯된다. 이 **무지**ignorance야말로 대중민주주의에서 파시즘이 이렇게 쉽게 회귀하는 주된 이유다. 파시즘을 부인하는 것이 우리 시대에 만연한 세 번째 이유가 이것이다. 이 사실을 받아들이려면 그 모든 과학기술적 진보, 전 세계적 정보 접근성 그리고 수용 가능한 모든 이에게 제공되는 '고등교육'에도 불구하고, 우리 사회를 지배하는 힘은 조직된 어리석음이라는 사실도 깨달아야 한다.

필자의 2008년 작 《정신의 고귀함》의 마지막 장인 〈용기를 내〉는 자신의 시대와 맞서 싸운 비범한 사람인 레오네 긴츠부르그Leone Ginzburg의 삶에 바치는 헌사다. 1909년에 러시아의 유대인 가정에서 태어난 긴츠부르그는 어릴 때 가족과 함께 이탈리아로 이주했다. 그는 18세에 이미 톨스토이의 걸작 《안나 카레니나》를 이탈리아어로 번역할 만큼 영민했다. 그는 유럽 정신의 정수—걸작 문학작품—를 전파하고 [많은 사람들이] 읽을 수 있도록 만드는 일에 강한 열정을 품었다. 그는 번역과 강의를 하고, 출판사를 창립하고, 《문화》라는 잡지를 창간했는데, 잡지 제목의 본뜻에 걸맞은 일을 하기 위해서였다. 사람들이 자기 자신과 인간 존재의 진실을 탐색하며 여행할 수 있는 수많은 길을 낼 공간을 만드는 일 말이다. 긴츠부르그는 오직 문화만이 사람들로

하여금 자기 자신의 삶과 행동의 진실을 이해하도록 도울 수 있다는 사실을 깨닫고, 유럽 문화를 전파하는 일을 필생의 과제로 삼았다.

그러나 곧 무솔리니와 그의 파시스트 세력이 이탈리아를 장악한다. 무솔리니는 모든 대학교수에게 충성 선언서에 서명하기를 강요했으며, 그렇지 않으면 직업을 잃게 되었다. 1100여 명의 교수 중에서 서명을 거부한 교수는 단 10명(!)이었다. 레오네 긴츠부르그는 그 10명 가운데 한 사람이었다. (학계와 지식인층에서도 용기는 찾아보기 힘든 덕목이다.) 문화와 자유 둘 중 무엇 하나라도 없으면 다른 하나도 존속할 수 없다는 것을 알았던 그는 자연스레 레지스탕스 운동에 합류했다. 긴츠부르그는 언제나 자유의 이름으로 불쑥 나타나는 파시즘이 실은 자유의 파괴만을 원한다는 사실도 잘 알고 있었다.

긴츠부르그는 체포된 후 추방당했다. 무솔리니 몰락 후, 그는 로마로 돌아가 그곳을 점령한 나치 세력과 맞서 싸웠다. 35세가 되던 해 다시 체포된 긴츠부르그는 나치의 고문을 받다 숨졌다. 수감 중 아내 나탈리아에게 보낸 편지―그의 마지막 글로 남았다―는 다음과 같이 끝난다.

내 걱정은 너무 하지 말아요. 그냥 내가 전쟁 포로라고 생각해주오. 전쟁 포로는 너무나 많고, 이 전쟁(2차대전)은 특히 더 많은 전쟁 포로를 낳았지요. 그리고 그들 대부분은 집으로 돌아갈 겁니다. 내가 그 대부분에 속하길 바랍시다. 그렇지요, 나탈리아? 다시 한 번, 또 한 번, 또 한 번 키스를 보내오. 용기를 내요.

"용기를 내요." 이 구절을 처음 읽었을 때의 조용한 경탄을 잊지 못할 것이다. 긴츠부르그는 이 구절로 무엇을 말하려고 했을까? 나는 소크라테스에게서 이 작별 인사의 의미를 찾아냈다. 용기란 타인이 아니라 당신 자신을 정복하는 능력이며, 현명하고 공정하게 사는 것, 당신의 영혼을 고양시키는 것이 용기라고 가르쳤던 사람 말이다. 그 누구든 용기 없는 자는 자유로울 수 없으며, 자유 없는 삶, 공허하고 순응적인 삶이란 무의미하고 궁극적으로 사랑도 없는 삶이다.

　　나탈리아 긴츠부르그Natalia Ginzburg도 이것을 알았다. 그는 남편의 출판사를 운영하며 그의 과업을 이어갔고, 1960년에 쓴 〈사소한 덕Le piccole virtú〉이라는 짧은 글을 비롯하여 탁월한 소설과 에세이를 쓰는 위대한 작가가 되었다. 〈사소한 덕〉의 첫 대목은 다음과 같이 시작한다.

어린이 교육 문제라면, 나는 어린이들이 사소한 덕이 아니라 위대한 덕을 배워야 한다고 생각한다. 어린이는 절약이 아니라 아량과 돈에 무심할 줄 아는 자세를 배워야 하며, 조심이 아니라 용기와 위험을 무릅쓰는 담대함을 배워야 한다. 아이는 약삭빠름이 아니라 솔직함과 진실을 향한 사랑을 배워야 하며, 요령이 아니라 이웃 사랑과 자기 절제를 배워야 하고, 성공을 욕망하는 것이 아니라 무언가 되려고 하고, 알고 싶어 하는 욕망을 배워야 한다.

작은 덕, 옹졸함, 하찮음, 키치와 어리석음의 함양—이런 것들이 파시즘의 귀환과 무슨 상관이 있을까? 슬프게도 이 모든 것이 전부 파시즘과 연결되어 있다. 영화 〈달콤한 인생La Dolce Vita〉과 〈나는 기억한다Amarcord〉의 감독 페데리코 펠리니Federico Fellini는 나탈리아 긴츠부르그와 막역한 친구였는데, 이탈리아 파시스트 청년조직에 잠깐 소속되어 있었던 자신의 인생을 회고한 바 있다. 그는 다음과 같은 결론에 도달했다.

파시즘은 언제나 편협한 정신, 진짜 문제를 깨닫지 못하는 지식 부족 그리고 게으름, 편견, 탐욕, 교만 때문에 자신의 삶에 더 깊은 의미를 부여하기를 거부하는 사람들

이 시대와 맞서 싸우기 위해

에게서 비롯된다. 더 최악인 점은, 그 사람들이 진정한 능력, 경험 또는 문화적 성찰로부터 성공을 이끌어내는 대신 자신의 무지를 뽐내고 잘난 척, 근거 없는 주장 그리고 과장된 선량함을 거짓으로 전시해서 자신과 자기 집단의 성공을 추구한다는 것이다. 파시즘이 우리가 부끄러워해야 하는, 어리석고 한심하고 좌절당한 우리의 일면에 지나지 않는다는 것을 깨닫지 못한다면 파시즘을 물리칠 수 없다. 우리의 그런 일면을 억제하려면 반파시스트 운동 그 이상이 필요한데, 우리 모두의 내면에 파시즘이 은연히 숨어 있기 때문이다. 그 숨어 있던 파시즘은 한때 목소리와 권위, 신뢰를 얻은 바 있으며, 다시 그렇게 될 수 있다.

파시스트 운동의 회귀가 어떤 국가를 "다시 위대하게" 만들자는 요청을 동반하는 것은 우연이 아니다. 그것은 힘과 권력의 위대함이며, 되찾을 수 없는 과거로 귀환하겠다는 거짓 약속이다. 그런 "위대함"은 나탈리아 긴츠부르그가 요청했던 위대한 덕 그리고 자신을 초월할 수 있는 인간의 능력, 상상력과 공감을 발휘하며, 삶에서 진리를 추구하고, 미를 창조하고, 정의를 행하는 것과는 완전히 반대된다. 후자는 모든 인간의 존엄성을 존중하는 진실한 위대함이다.

바로 이것이야말로 민주주의 문명의 모든 것이다.

　이런 큰 말을 이해하려면 이야기가 필요하다. 〔이 책의 두 번째 파트〕〈에우로페의 귀환: 그의 눈물, 업적 그리고 꿈〉이 그러한 이야기다. 그 이야기는 자주 오해를 받는 세 개의 큰 단어에 대해 이야기한다. **민주주의, 자유** 그리고 **문명**이다. 이 단어들의 의미는 과거 어느 때보다 중요한데, 우리 시대에 거짓말은 예술의 경지에 도달할 정도로 발달했고 단어의 의미는 늘 왜곡되기 때문이다. 이런 거짓과 왜곡은 파시즘의 본성에 속한다. 파시즘의 귀환은 언제든 발생할 수 있지만, 그렇다고 해서 피할 수 없는 현상은 결코 아니다. 역사의 법칙이란 존재하지 않는다. 현재의 대세를 거스르고 시대정신Zeitgeist을 바꿔내는 것은 인간의 자유가 지닌 힘이다. 프리드리히 니체가《반시대적 고찰》중〈삶에 대한 역사의 공과〉에서 현실적인 것의 맹목적인 힘을 받아들여서는 안 되며, 우리 시대의 요란한 가짜 문화에 순응하는 대신 이 시대와 맞서 싸워야 한다고 썼을 때, 그는 우리가 그 점을 알길 원한 것이다!

　레오네 긴츠부르그는 이러한 싸움을 했으며, 나탈리아 긴츠부르그를 비롯하여 뒤이어 등장할 에세이와 이야기 속의 다른 많은 인물들도 그랬다. 이제 민주주의 문명의 영혼을 파괴하는 시대정신에 맞선 싸움은 우리에게 달려 있다.

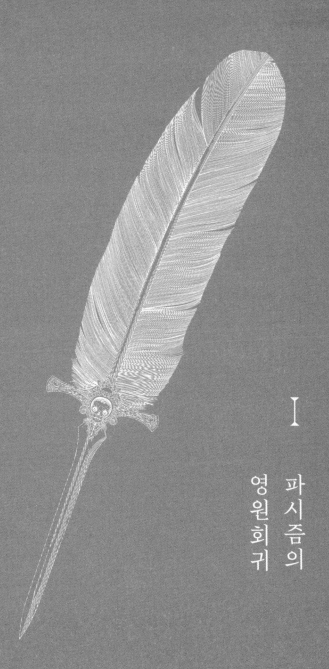

I

파시즘의
영원회귀

내가 가진 건

첩첩의 거짓을 무너뜨릴

목소리뿐

—W. H. 오든, 〈1939년 9월 1일〉[※]

I.

   2차대전이 유럽을 유린하고 있을 때, 머나먼 북아프리카 오랑에서는 한 의사가 봄날 아침 층계참에 죽어 있는 쥐 한 마리를 발견한다. 그는 건물 관리인에게 그 사실을 일러두고, 흔치 않은 일이라고 여기기는 하나 깊은 관심을 기울이진 않는다. 다음 날 아침, 그 의사가 죽은 쥐 세 마리를 발견했을 때는 상황이 바뀐다. 관리인은 그게 맹세코 어린애들의 장난이라고 말한다. "이 건물에는 쥐가 없다고요!" 그러나 그 후 며칠간 이 의사는 점점 더 많은 쥐 사체를 마주치게 되었을 뿐 아니라 놀랄 만큼 많은 환자가 전부 같은 증상에 시달리는 것을 본다. 부기, 발진, 망상 상태를 겪다가 결국 48시간 내에 사망에 이르는 것이었다. 의사는 이게 무엇이든 간에 전염성을 띤다는 사실을 안다. **무엇이든 간에?** 선배 의사가 그를 책망한다. "이봐요, 당신도 나만큼이나 이게 뭔지 알고 있잖소. 게다가 모든 사람이, 관료들이 가장 심하게, 할 수 있는 한 오랫동안 진실을 부인할 거란 말이지. '그럴 리가 없어, 그런 병은 더 이상 없어, 우리가 중세에 사는 것도 아니고, 공황을 조장하는 일 좀 그만두시오.' 이럴 거라고."

   그러나 부인denial이 사실을 바꾸는 것은 아니며, 전염병

이 도시 전체를 손아귀에 넣자, 이 현상에 이름이 부여되어야 했다. 선페스트bubonic plague!

단어를 바꿔 쓰면 사실도 바뀔지 모른다는 생각은 부인의 여러 양태 중 하나다. 미국인들은 **문제problem**라는 단어를 금기로 여긴다. 한때 문제라는 이름으로 불리던 모든 상황은 이제 "도전challenge"이라고 불린다. 문제란, 적어도 미국에는 존재하지 않는다. 마찬가지로 유럽에서 **파시즘**이라는 말은 현대 정치의 맥락에서는 금기에 속한다. 극우파, 급진 보수, 포퓰리즘, 우익 포퓰리즘이 있지만 파시즘은—아니, 우리 유럽에는 그런 게 없다. 그럴 리가 없어, 그런 일은 더 이상 없어, 우리는 민주주의 사회에 살고 있다고, 공황과 불쾌감을 조장하는 일 좀 그만두시오!

1947년, 알베르 카뮈는 페스트의 공포 통치가 완전히 끝났다는 공식 발표 후, 주인공 의사가 축하하는 군중의 무리에 합류할 수 없었다는 서술로 소설 《페스트》—이는 파시즘의 알레고리다—를 마무리한다.

그는 그 기쁨에 들떠 있는 군중이 책에서 배울 수도 있었겠지만 모르고 있는 사실, 즉 페스트균은 결코 죽거나 소멸하지 않으며, 그 균은 수십 년간 가구나 옷가지들 속에서 잠자고 있을 수 있고, 방이나 지하실이나 트렁크나 손

수건이나 낡은 서류 같은 것들 속에서 꾸준히 살아남아 있다가 아마 언젠가는 인간들에게 불행과 교훈을 가져다주기 위해 또다시 저 쥐들을 흔들어 깨워서 어느 행복한 도시로 그것들을 몰아넣어 거기서 죽게 할 날이 온다는 것을 알고 있었기 때문이다.

같은 해에 독일 소설가 토마스 만은 "예리한 탐침처럼, 니체는 파시스트 시대가 도래한다는 신호를 보냈다. 우리가 살고 있는 이 시대는 파시스트 시대며, 군사적 승리에도 불구하고 우리는 한동안 더 그러한 시대에 살게 될 것이다"라고 썼다.

전쟁이 끝나자, 카뮈와 만을 비롯해 많은 이들은 우리 모두가 재빨리―파시스트 균이 대중민주주의의 신체에 언제나 악성으로 남아 있으리라는 것을 잊고자―망각을 너무도 열망한다는 것을 깨달았다. 그 사실을 부인하거나 균을 무언가 다른 이름으로 부른다고 해서 파시즘에 대한 우리의 저항력이 커지지는 않는다. 그 반대의 경우 또한 진실이다. 제대로 투쟁을 하려면 우리는 먼저 그것이 우리의 사회적 신체에서 다시 활성화되었다는 사실을 인정해야 하며, 그것을 본래 이름으로 **파시즘**이라고 불러야 한다. 그리고 파시즘은 필연적으로 독재와 폭력을 부른다는 점에서 언제나 '도전'이 아니라 중대한 '문제'다. 이러한 결과를 부르는 모든 것은 위험이라고 불린다. 문제, 혹은 더 최악의 경우 위험을 부인하려는 정책은 모두 현실도피적 정책이다. 역사로부터 배우려 하지 않는 이는 그것을 되풀이할 수밖에 없다는 것은 언제나 진실이다.

II.

무솔리니와 히틀러—우리의 관심사를 이 악마적 2인조에 한정해두자면—는 그들이 등장하기 한참 전부터 유럽에서 발달하기 시작했던 사고방식의 정치화를 대변하는 가장 중요한 대표자들이 되었다.

괴테는 사회에 근본적인 변화가 일어나고 있음을 가장 처음으로 알아차린 이들 중 하나다. 1812년에 그는 친구에게 보내는 편지에 다음과 같이 썼다.

일반 대중, 특히 젊은이들을 보면 그들은 자신들의 열정과 욕망에 굴복했을 뿐 아니라, 자신의 더 수준 높고 훌륭한 부분이 이 시대의 심각한 우매함으로 인해 뒤틀리고 손상된 탓에 자신을 구원으로 인도할 수 있었던 모든 것이 실패할 운명이라는 점에도 굴복해 있습니다. 그 점을 알게 된다면 당신은 인간이 그 자신과 타인에게 저지르는 극악무도한 짓들을 보고도 놀라지 않을 겁니다.

얼마 뒤인 1831년, 알렉시 드 토크빌은 미국 여행을 하면서 신생 국가 미국에서 꽃피기 시작한 민주주의가 그 이전의 역사에서 나타난 바 없는 새로운 형태의 탄압에 위협받고 있음을 발견하였다.

내가 머릿속에 떠올리는 개념을 정확하게 드러내주는 표현을 찾아보려 했지만 헛수고다. 전제정치despotism나 폭군정치tyranny라는 단어는 적합하지 않다. 개념 자체가 새로우니만큼, 그것을 이름 붙이기가 쉽지 않다면 우선 그것을 정의해보도록 하자.

나는 전제정치가 이 세상에서 어떤 새로운 형태를 띠고 나타날 수 있는지를 머릿속에 그려보고자 한다. 서로 엇비슷하고 평등한 수많은 사람들이 자신의 영혼을 가득 채우고 있는 자잘하고 진부한 쾌락들을 얻기 위해서 쉬지 않고 발길을 재촉하는 광경이 떠오른다. 이들 각자는 서로 떨어져서 생활하기 때문에, 서로가 서로의 운명에 무관심한 이방인이다.

(……) 이러한 사람들의 위에 이들의 향유를 보장해주고 운명을 보살펴줄 책임을 혼자 떠맡은 하나의 거대한 권력이 후견인처럼 우뚝 서 있다.

(……) 만일 행복하게 사는 것만을 시민들이 생각한다면, 이 권력은 당연히 시민들이 행복하기를 바랄 것이지만, 무엇보다 자기가 그러한 행복을 마련해주는 유일한 대행인이자 유일한 중개인이기를 원한다.

내가 지금 묘사한 이러한 종류의 질서정연하고 부드러우며 평온한 예종 상태가 자유의 몇몇 외형적 형태들과 우리가 생각하는 것보다 훨씬 잘 결합될 수 있을 것이라고 나는 항상 생각해왔다. 그리고 이러한 예종 상태가 인민주권의 그늘 아래에 확립되는 것이 불가능하지만은 않을 것이라고 생각해왔다.

그로부터 100년 뒤, 스페인 철학자 호세 오르테가 이 가세트José Ortega y Gasset는 여기서 토크빌이 간략히 설명한 사회의 명암을 분석하고 특징지어 "대중사회mass society"라고 명명한다. 대중사회는 니체가 매우 명료하게 예측했던 도덕적 가치의 쇠퇴, 즉 니힐리즘의 필연적 결과다. 1870년대와 1880년대, 니체는 점차 정신적인 절대가치에 토대를 두고 있는 문명의 유럽적 이상을 지탱할 기반이 더 이상 없다고 확신하게 되었다. 니체는 절대적 가치란 더 이상 없다고 주장했는데, 존재하는 모든 것은 개인의 투영에 불과하기 때문이다. 진·선·미는 존재하지 않는다. 진·선·미 등으로 간주되었던 것은 이제 한 개인의 사적 지각과 해석에 불과하다. 그리고 무엇이든 의미할 수 있는 것은 보편적 타당성을 잃었기에 아무것도 아닌 것이다.

정신적 가치의 상실과 함께 도덕적 가치뿐 아니라 문화라는 말의 본래 의미도 사라졌다. "cultura animi", 즉 "영혼을 수양하는 일" 말이다.＊ 인간은 자신을 향상시켜야 하는 존재이며 본능과 육체적 욕구를 뛰어넘어야 하는 존재라는 생각은 유대교와 기독교의 종교적 전통에서 중심적 위치를 차지한다. 이러한 생각은 소크라테스와 스피노자의 인문주의 교육에서 필수적인 요소다. 절대적인 정신적 목표를 체현하는 데 성공해야만 살아갈 가치가 있는 것이다. 진리를 추구하는 삶을 살고, 옳은 일을 행하며, 미를 창조하는 것—이러한 행위를 통해서만 인간은 응당 되어야 할 존재가 될 수 있으며, 그렇게 할 때에만 자유롭다. 스스로의

＊ 라틴어 'cultura'는 '경작'의 뜻을 지닌다. 키케로가 철학을 "정신의 밭을 가는(마음을 수양하는) 일"이라고 일컬은 데서 굳어진 관용어구로, 'culture'라는 단어가 오늘날 '문화'를 뜻하게 된 것은 이 때문이다.

욕망, 감정, 충동, 공포 그리고 편견의 노예로 남은 채 자신의 지성을 어떻게 사용해야 할지 모르는 자는 자유로울 수 없다. 모든 가치의 재평가Umwertung aller Werte가 임박했다고 확신했던 니체는 이것을 전도시켰다. 이제 자유 이외에는 그 무엇도 절대적이지 않으며, 그 자유란 고삐 풀린 욕망을 실행할 자유다. 그러므로 인류는 권력의지의 지배를 받도록 스스로를 방치할 것이며, 모든 것이 허용될 것이다.

니체는 니힐리즘이 유럽 사회에 어떤 결과를 불러올지 정확하게 알고 있었다. 그는 만년에 "모든 위험 중의 위험: 그 어떤 것에도 의미가 없다"라고 썼다. 절대적인 정신적 가치를 상실하면서, 인간이 의미를 부여했던 모든 것이 사라질 것이다. 선악을 구분하는 지식, 측은지심 그리고 사랑이 죽음보다 강하다는 생각들뿐 아니라 모든 주류 예술, 예의, 대화 그리고 품격과 가치에 대한 존중까지 사라진다. 그리하여 니체는 자신의 시대에 대해 이런 평가를 남겼다. "현대의 가장 보편적인 징후: 인간의 존엄이 그 자신의 눈으로 보기에도 심각할 정도로 상실되었다." 모든 정신적 가치로부터, 삶을 의미 있게 만들 수 있는 모든 것으로부터 '풀려난' 인간은 자신의 편리를 우선 추구할 것이다. 자신의 모든 욕망을 만족시키길 원하고, 그렇지 못하면 폭력적으로 굴 것이다. 또한 니체는 1886~1887년에 쓴 글에서 번영이라는

이 시대와 맞서 싸우기 위해

표면 아래 숨겨져 있는 영속적 폭력의 되풀이되는 위협을 지적한다.

우리의 상황: 예민함이 풍족함과 함께 증가한다. 가장 사소한 증상이 우리를 괴롭힌다. 우리의 몸은 더 잘 보호되었으되 우리의 영혼은 더욱더 병들었다. 평등, 편안한 삶, 생각의 자유 그러나 동시에 혐오와 질투심, 성공에 대한 갈망으로 인한 격분, 현재에 대한 조바심, 사치품에 대한 욕구, 정부의 불안정, 의심하고 탐색해야만 한다는 사실에서 오는 고통.

대중사회는 괴테가 처음으로 의문에 붙인 이후 유럽 전역에 걸쳐 나타난 사회적 양상을 오르테가 이 가세트가 1930년에 명명한 이름이다. 이 사회는 토크빌이나 니체가 예측했던 모든 특징을 가지고 있었다. 이것을 유럽 역사에 이제 막 기입되기 시작한 민주주의 시대의 거대한 패러독스라고 본 오르테가 이 가세트는 경악했다. 사회가 전제정, 교회, 귀족정, 봉건제의 멍에에서 풀려날 수 있는 시대가 마침내 도래했다. 무엇보다, 기술적 진보로 인해 사회운동이 자유로워졌다. 미디어는 사람들이 세계를 보는 시야를 넓혀주었다. 정부는 더 민주적이 되었다. 유럽은 국경이 허물어지고, 개인의 자유가 존중되며, 개인에게 책임이 주어지고, 문명의 이상을 뒷받침하는 정신적 가치가 배양되는 자유사회로 가는 관문에 서 있었다.

그러나 사회에서 재빨리 영향력을 키운 새로운 부류의 사람들은 이 역사적 기회를 거부해버렸다. 바로 군중인간, 즉 **대중-인간**mass-man이다. 이 용어는 수량뿐 아니라 질質 또한 가리키는데, 특정한 태도, 더 정확하게는 정신의 부재를 말한다. 게다가 이 대중-인간은 부자든 빈자든, 교육을 잘 받았든 아니든 상관없이 사회의 모든 계층이나 계급에서 나타난다. 오르테가 이 가세트에 따르면, 대중-인간의 등장, 즉 대중의 반란은 자유민주주의와 유럽 인문주의의 가치와 이상을 직접적으로 위협하는데, 민주주의와 인문주의 전통에서는 자유로운 개인의 정신적, 도덕적 발달이 자유롭고 열린 사회의 근간을 형성한다.

그러나 대중-인간은 개인과 사회에 대해 완전히 다른 관점을 지닌다. 대중-인간은 지적이거나 정신적인 가치와 관련해 책임감을 느끼기는커녕, 그것과 직면하기조차 원하지 않는다. 그 어떤 기준, 가치 또는 진실도 그에게 부과되어 그를 제한할 수 없다. 대중-인간의 삶은 항상 쉽고 풍족해야 한다. 그는 존재의 비극적 본질을 깨닫지 못한다. 제약이 없으므로 모든 것이 허용된다. 정신적 노력은 필요 없다.

이 시대와 맞서 싸우기 위해

대중-인간은 자화자찬하며, 버릇없는 어린아이처럼 군다. 경청, 자기 의견에 대한 비판적 평가 그리고 다른 사람을 배려하는 행동은 요구되지 않는다. 이 모든 것들이 권력에의 도취와 통제하고자 하는 갈망을 강화한다. 대중-인간은 자신과 같은 부류만을 중요하게 여기며, [자신과] 다른 이들은 자신에게 적응해야 할 뿐이다. 대중-인간은, 말하자면 항상 옳으며 자신을 정당화할 필요가 없다.

이성의 언어에 미숙하고 그것을 배우고 싶어 하지 않는 대중-인간은 단 하나, 몸의 언어만을 안다. 그것은 폭력이다. 그 자신과 다르거나 관계없는 것은 존재할 권리가 없다. 그는 대중과 다른 상태를 혐오한다. 그는 순응한다―자신의 외모를 유행하는 패션에 맞추고, 매스미디어의 온탕에서 자기 의견을 구한다. 동시에 그는 자신이 남들에 비해 도드라져 보이는 것을 원치 않고, 그럴 수도 없다. 대중-인간은 생각하지 않는다. 그는 목적 없이 배회하며 인생을 소모하고, 정신적 함양이나 진리를 추구하며 사는 일 따위와는 관계를 끊는다. 정신적 지침이 결핍된 그는 평생 자신을 지도하는 대중의 세력에 매달린다.

20세기의 현상인 대중 행동과 집단 히스테리는 군집의 결과가 아니라 이 고도로 근대적이고, 아무 생각도 영혼도 없는 인간의 정신이 불러온 결과다. 공포와 욕망이 대중의 행동을 지배한다. 그리고 이 대중이 지배하기 시작할 때, 민주주의가 대중민주주의가 될 때, 민주주의라는 존재는 사라진다. 오르테가 이 가세트는 그의 책《대중의 반란》의 끝부분에 대중사회에 대한 자신의 분석을 한 줄로 요약해두었다. "문제는 유럽에 더 이상 도덕이 존재하지 않는다는 사실이다."

　　대중사회의 니힐리즘적 특징은 여러 요인으로 인해 강화된다. 20세기의 첫 10년, 빈의 풍자가 카를 크라우스는 언론인들이 마치 그렇지 않은 듯 가식을 떨고 있지만, 민주주의를 지키기보다는 그 기반을 약화하는 경향이 있다고 비난했다. 언론인들은 기사의 분량을 채우고 신문을 팔아야 했다. 그 결과 신문은 끝이 없는 사소한 가십거리, 선정주의 그리고 거짓으로 가득차게 되었다. 크라우스는 일간지의 언어가 더 이상 지식을 표현하는 중요한 수단이 아니라 클리셰, 슬로건 그리고 프로파간다로 전락해버렸다고 주장한다. 대중매체는 선동가의 가장 중요한 훈련장이다. 선동가는 사람들이 끝없는 단순화 공세를 통해 단순해진 것만 받아들이고, 다른 무엇도 더 읽거나 듣고 싶어 하지 않는다는 사실에서 힘을 얻는다.

　　그로부터 10년 후, 프랑스 시인 폴 발레리는 인간 정신의 위기를 분석하며 다음과 같이 이야기한다.

정신은 변화할 수 있는 능력을 나타낸다. 우리의 정서적 삶은 예술작품으로 바뀔 수 있다. 정신은 새로운 지적 욕구를 창조하며, 그러한 욕구를 통하여 우리는 우리의 신체적 본능과 짐승 같은 본성을 초월할 수 있다. 정신은 우리가 시간을, 과거와 현재를 지각할 수 있게 해주었다. 시간을 지각하면 우리는 앞날을 내다보고, 가능성을 상상하며, 현재 너머로 나아갈 수 있다. 게다가 인간은 자신에게서 벗어나 다른 사람의 입장에서 자신을 생각해볼 수 있다. 각각의 인간은 자신의 행동과 가치를 관찰하고 비판할 수 있는 지적 능력을 갖추고 있다는 것이다. 그러나 인간의 마음은 탈선했다. 우리는 덜 예민해졌다. 현대인은 소음을, 끊임없는 흥분을 필요로 한다. 그는 스스로의 욕구를 충족시키길 원한다. 계속 무신경하게 살다보니, 자극을 갈망하는 우리를 만족시키려면 더 지독한 수단이 필요하다. 우리는 사건에 중독되었다. 아무 일도 일어나지 않는 날이면 우리는 공허함을 느낀다. "신문에 아무 소식도 없다"며 우리는 실망해서 말한다. 우리는 무언가가 일어나야**만 한다**는 생각에 오염되었다. 우리는 속도와 수량에 집착한다. 아무리 큰 배가 있어도 더 큰 배를 원하고, 자동차나 비행기도 더 **빠**른 것을 원한다. 수가 많은 것이 절대적으로 우월하다는 생각—순진해 빠졌고 천박한 생각임이 분명한(분명하길 바란다)—은 현대인의 특징 중 하나다. 우리는 자유시간을 몰수당했다. 연대기적 시간(휴가일)을 말하는 것이 아니라, 내적 휴식, 즉 모든 것으로부터 자유로워지고 우리 인생의 가장 섬세한 요소들을 위한 자리를 만드는 데 필요한 세상과의 정신적 거리를 말하는 것이다. 우리는 속도, 타성—모든 일은 즉시 일어나야 한다—그리고 충동에 휘둘리도록 스스로를 내버려둔다. 더 이상 아무것도 지속되지 않는다. 3세기에 걸쳐 지어진 성당 따위는 안녕이다. 한평생의 경험과 집중이 필요한 걸작품도 안녕이다. 우리는 수동적으로 산다. 우리는 전화기, 직업, 패션을 좇는다. 삶은 더욱더 획일화된다. 외모, 성격, 모든 것이 다른 이들과 같아야 하며, 평균은 항상 최하위로 내려가는 경향이 있다. 현대의 가장 두드러진 특징 중 하나는 **피상성**superficiality이다. 우리는 피상성과 쉼 없음 사이에서 흔들린다. 우리는 인간이 가졌던 모든 장난감 중 최고의 장난감을 가졌다. 얼마나 재미있는지! 이렇게 장난감이 많았던 적이 없었는데! 그러나 걱정거리가 얼마나 많은지! 이렇게 극심한 공황panic에 시달렸던 적도 없었다! 그리고 우리는 점점 더 많은 지적 분발을 요구받는다. 다른 사람들이 우리를 대신해서 사유한다. 게다가

이 시대와 맞서 싸우기 위해

우리의 지능은 점점 더 특수화된다. 기술적 진보의 요구에 따라 사회는 점점 더 "전문가", **대체 가능한** 지식인을 필요로 한다. 셰익스피어, 바흐, 데카르트, 시인과 사상가, **대체 불가능한** 지식인은 더 이상 아무 쓸모가 없다.

폴 발레리는 1920년에 이 글을 썼다. 우리는 다시 한번 역설적 상황에 봉착했는데, 사회공학, 그 모든 유혹물 그리고 여가에도 불구하고 인간은 전혀 더 행복해지지 않았기 때문이다. 반면 타인에 대한 공격성은 커지고 있다. 막스 셸러는 이런 현상이 나타날 만하다고 1912년에 출판된 〈도덕의 구조에서 원한Das Ressentiment im Aufbau der Moralen〉에서 주장했다. 셸러에 따르면 유럽 문화는 평등의 문화다. 우리 모두 평등하며 동등한 권리를 갖는다는 생각은 유럽 문화에 깊숙이 뿌리박혀 있다. 유대-기독교 전통에서 평등이란 신 앞의 평등으로 이루어진다. 당신이 누구든, 무엇을 가지고 있든, 결국에는 당신이 옳은 삶을 살았는지 아닌지 신 앞에서 심판을 받게 된다. 유럽 인문주의의 교리가 추구하는 평등의 이상은, 우리의 진짜 정체성이 우리가 타인들과 구분되는 방식(돈, 권력, 출신, 인종, 성별)이 아니라 동료 인간과 우리를 이어주는 바로 그 지점에 있다는 생각을 근간으로 한다. 영혼을 고양하고, 삶에서 진리를 추구하며, 옳은 일을 하고, 미를 창조하는 보편적인 능력이 우리의 진짜 정체성인 것이다.

인문주의 전통에서만큼이나, 유대교와 기독교에서도 평등은 절대적인 정신적 가치에 기반한다. 그러나 니체는 이러한 가치의 의미가 상실될 것이라고 예견했다. 이제 평등은 물질로만 표현될 수 있다. 새로운 평등의 이상이 대두했다. 그것은 사회주의의 부상 및 민주주의를 확대하려는 열망과 연관되어 있었다. 사회 정의, 기회의 평등, 보통선거권 등이 그것이다. 그러나 니힐리즘하에 모든 가치가 전도되고, 대중-인간이 부상했으며, 우리는 사회 정의가 존재해야 하는 이유를 더 이상 생각하지 않게 되었다고 셸러는 주장했다. 셸러는 이제 평등의 개념이 한 사람이 무언가를 가지면 다른 사람도 그것을 가져야 한다는 식의, 모든 이가 모든 것을 가질 수 있다는 주장에 불과하다고 이야기한다. 결국에는 우리 모두가 평등하다! **엘리트**는 일종의 욕설이 되었고, 다른 "평등한" 이들이 (자신보다) 더 많이 가지고 있다는 생각이 들면 바로 원한과 악의가 자라난다.

이런 사회에서 문화의 수준은 점점 더 하락하는데, 인구의 공통분모가 위치하는 지점이 밑바닥이기 때문이다. 가령 대학의 교육 기준이 곤두박질쳐 "모두"가 공부하고 졸업할 수 있게 되는 것도 이런 이유 때문이다. 예술의 경우

재정적으로뿐만 아니라 그 의미의 측면에서도 모든 이가 접근할 수 있어야 한다. 예술은 **이해 가능**해야만 한다. 어려운 것은 무엇이든 가장 큰 적의의 대상이 된다. 모든 사람이 즉시 이해할 수 없는 것은 전부 어려운 것이고, 그러므로 엘리트적인 것이며 반민주적인 것이다. 이것은 대중매체의 세계에서 제일 잘 드러난다. 대중매체에서는 사상가를 인용하거나 어려운 단어를 쓰는 것조차 금기로 여겨진다.

셸러는 원한에 가득찬 사회 일반의 분위기가 어떻게 우리의 가치에 영향을 미치는지 설명했다. 니체는 고결한 정신적 가치가 더 이상 존재할 수 없는 이유를 보여주었다. 이제 그런 정신적 가치는 그것을 지키기 위해 의지력을 동원할 수 없는 사람을 모두 배제한다는 점에서 존재할 **권리**가 없다는 생각이 활기를 띠기 시작한다. 절대적 가치 대신 "나 스스로 판단할 수 있어!"를 최고 기준으로 삼은 주관적 인식이 그 자리를 채운다. 이렇게 원한은 자유의 이상에도 영향을 준다. 유대-기독교 전통에서 자유란 모든 인간이 자신이 이루어야 할 바가 될 책임, 다시 말해 올바른 인간이 되는 것이다. 스피노자에게 자유는 어리석음과 공포 그리고 욕망으로부터 벗어날 능력이며, 이성의 힘을 사용하고 진리를 추구하며 살아갈 수 있는 힘이다. 이렇게 사는 사람만이, 삶에 진리를 제공하는 가치를 택하는 사람만이 진실로 자유롭다. 그러나 다시 강조하건대, 이런 자유는 정신적, 보편적 가치가 존재함을 전제로 한다. 그러나 그러한 가치는 더 이상 존재하지 않는다. 따라서 자유 역시 모든 것이 허용되는 상황만을 의미하게 되었다. 당신의 본능과 욕구에 탐닉하라. 그것은 언제나 난폭할 수밖에 없는 자유다.

셸러 역시 니체처럼 원한에 잠식된 사람들이 근본적으로 약하며 이런 자유를 두려워한다는 것을 이해하고 있었다. 절대적 자유의 경험은 뿌리깊이 박힌 **자유에 대한 공포**로 변질되고, 대중에 순응하고 싶다는 개인의 바람은 엄청나게 비대해진다. 그 대중이 궁극적으로 원하는 것은 카리스마 넘치는 영도자의 인도를 무조건 따르는 것에 지나지 않는다.

도덕적, 문화적 기반을 박탈당하고 니힐리즘적이 된 이런 사회는 사소한 가십에 집착하고 선동에 대단히 민감하며, 원한과 공포에 흠뻑 젖는다. 그리하여 정치는, 네덜란드 문화비평가 메노 테르 브락Menno ter Braak이 정확하게 표현했듯이, "자신들의 권력을 보존하고 확장하려는 동기 외에는 안중에 없는 대중 선동가의 일"이 되어버린다. "여기서 말하는 권력이란 가장 저속한 의미의 권력이다." 1930년대 중반에 이 글을 쓰면서, 테르 브락은 원한을 이용하는 것 이외에 아무것도 한 일이 없는 정치운동이 유럽을 장악하기 시작했다고 보았다. 테르 브락에 따르면, 이 운동은 공격성과 분노를 자극하는 데 중점을 둔다. 또한 문제의 해결책을 찾는 데는 관심이 없으며, 고유한 사상도 없고, 사회문제를 해결하고 싶어 하지도 않는다. 비방과 증오의 정세를 유지하려면 부정의가 반드시 필요하기 때문이다.

이것이 가장 중요한 특징이다. 자신들의 이익을 위해 비방과 증오를 활용하는 것 말이다. 사회적 원한은 모든 비난을 뒤집어쓸 희생양에게 배출되었다. 바로 유대인이다. 그러면서 이 운동은 자신을 "좌파"나 "엘리트"의 영원한 피해자로 간주했고, 지식인, 코즈모폴리턴 그리고 누구든 남다른 사람에게 깊은 혐오감을 품었다. 테르 브락에 따르면, 이런 정치적 입장은 어리석음보다는 반#문명에서 더 자양분을 얻는다. 슬로건과 공허한 수사를 계속 사용하는 데서 이러한 반#문명을 식별할 수 있다. 그것은 예전에는 모든 것이 지금보다 나았고, 모든 것을 망치는 이질적 요소를 자신들이 모두 척결하기만 하면 다시 모든 것이 향상되리라고 주장하는 반동적 형태의 정치학이었다. 희한하게도, 하지만 명백하게, 이 운동은 한 명의 지도자를 굳게 신뢰했다. 테르 브락이 관찰했듯이, 이 지도자는 지도력을 입증한 적이 없지만 그의 지지자들은 그 없이는 국가의 미래도 없다고 믿었다. 이 정치운동은 진짜 정강 따위는 없었고, 지도자를 따르는 것만으로 충분했다. 문제의 그 지도자는 자기 지위를 유지하기 위해 포퓰리스트가 되어야만 했다. 그는 더 많은 지지를 얻고 대중을 동원하는 데 도움이 되는 일이라면 무엇이든 내세운다.

메노 테르 브락은 1937년에 〈원한의 교의인 국가사회주의National Socialism as a Doctrine of Resentment〉*라는 짧지만 훌륭한 글에 이 모든 내용을 담았다. 그가 이 글에 쓴, 1930년대 정치적 파시즘의 발흥을 향한 엘리트와 지식인의 태도는 주목할 만하다. 테르 브락은 많은 엘리트가 파시스트 정치학의 발흥을 무심하게 넘겨버렸다는 점에 경악했다. "어휴, 우리는 그런 루저 무리와는 달라"라든지 "경제 상황이 호전되면 진정이 될 거야"라는 식으로 말이다. 테르 브락은 이렇게 답했다. **당신들이 실수한 것이다. 왜냐하면 이 루저 무리가 대중의 반란을 대변하기 때문이다. 그들이 권력을 잡았을**

＊ 본래 국가사회주의는 19세기 후반 독일의 사회주의자 페르디난트 라살레Ferdinand Lassalle가 처음 제시한 입장으로, 국가를 통해 위로부터의 사회주의를 실현할 것을 주창했다. 그러나 마르크스주의적 계급 갈등과 평등의 이념을 거부하고 반유대주의를 선동한 나치당의 전신 독일 노동자당이 이 단어를 전유한 탓에, 국가사회주의는 '국가사회주의 독일 노동자당Nationalsozialistische Deutsche Arbeiterpartei', 즉 나치당의 강령과 사상을 지칭하는 용어로 흔히 쓰이게 되었다.

때 당신은 어디에 있을까? 사회적 학대와 경제 위기가 파시즘이 발흥하는 데 영향을 미친다는 점은 명백하지만, 그런 요소는 절대 파시즘의 발생 원인이 아니다. 그런 것을 원인으로 보기에, 파시즘은 원한에 대한 추종과 대중사회의 공허에 너무나 깊이 뿌리내리고 있다.

테르 브락은 지식인들의 역할에 놀라지 않았다. 그들 중 많은 이들이 반∗문명의 대표자였던 것 말이다. 그런 지식인들은 독서는 많이 했을지 몰라도 비판 능력은 멈춰버린 지 오래였다. 그래서 테르 브락은 그들 중 다수가 "국가사회주의의 소위 긍정적 요소들에 대해 일종의 유사철학적 관대함에 감염되었다는" 사실에 놀라지 않았다. 그는 이 새로운 정치운동의 "배경", "본질" 그리고 "요점"을 더 연구해야 한다고 말하는 지식인과 학자들이야말로 위험하다고 생각했다. 테르 브락은 그들이 틀린 이유에 대해 파시즘에는 사상이 없고 그 어떤 깊이도 존재하지 않기 때문이라고 썼다. 파시스트들은 우리가 파시즘을 "유혈 사태가 없는 …… 정신의 혁명"으로 믿도록 하려 한다. 그러나 진실은,

그것은 표면뿐이다. 그 심층에는 아무것도 없다. 국가사회주의는 순수한 악의의 교의인 그 표층으로만 알 수 있을 뿐이다. 그 교의는 혐오의 처방, 질투의 음송, 새된 비

방의 소리를 부른다. (……) 그 표면이 전부다. 심지어 이 귀족정치 신봉자들이 실은 전도된 민주주의자란 사실, 이 대중 이상주의자들이 자신들의 특별한 목적을 위해 "보통 사람"을 이용한다는 사실에도 불구하고 말이다. (……) 그들이 대단히 애태우며 욕망하는 것은 자신들의 목적을 성취하게 해주는 가능한 모든 수단과 방법을 모두 동원하여 원한을 제한 없이 표출하는 것이기 때문이다.

III.

이탈리아와 독일에서 파시즘이 정치권력을 장악한 것은 사회적 엘리트의 비겁과 불성실만큼이나 많은 부분 오만hubris의 결과였다. 오만이란 자신의 힘을 과대평가하는 것으로, 1932년에 히틀러와 그 측근들이 권력을 잡았을 때 축하를 보낸 독일 가톨릭당과 독일 국민당이 보인 모습이 바로 그것에 해당했다. 가톨릭당과 국민당은 자신들이 히틀러를 견제할 수 있을 거라 여겼고, 히틀러가 실수를 하면 그를 정치적으로 제거할 수 있을 거라고 생각했다. 독일 사민주의자들의 비겁과 불성실이란. 그렇다, 야당은 유권자의 마음을 더 잃을까 두려워 신임투표를 제안하기까지 했다. 사실 히틀러에게 표를 주지 않은 유권자—다수임을 주의하라—입장에서 보면, 국가사회당의 독재를 저지하려고 나서는 당이 하나도 없었다. 이는 모두 엘리트의 퇴보와 관련이 있다. 이 엘리트들은 자신의 원칙과 사회적 책임을 지킬 용기를 내지 않았다.

자유주의자들liberals은 더 이상 유럽 인문주의의 자유 원칙을 수호하지 않았다. 그들은 시장의 자유에만 관심을 가지고 있었다. 다시 말해, '**돈만 벌 수 있다면**……'이라고 생각한 것이다. 재계의 막강한 실세들이 새로운 정치학을 손쉽게 지지했다는 것은 놀랄 일도 아니다. 사민주의자들은 대중의 문화적 및 도덕적 향상을 위한 싸움을 준비하는 것을 멈추고 물질적 이익에만 집중하면서 인민의 원한을 조장했다. 자신들이 존재할 권리를 포기하고 부인한 것이다. 보수주의자들은 "전통"과 "사회질서"라는 미명하에 정신적 가치의 보존을 원칙도 없이 자신들의 권력 보존과 맞바꿔버릴 준비가 되어 있었다. 지식인 중에는 얼이 빠진 채 "유미주의"에 경도된 댄디와 탐미주의자들이 있었는데, 파시즘은 그러한 것에 뛰어나다. 자연스럽게 민주주의, 사회 정의 또 진보와 같은 사상을 전혀 신뢰하지 않는 반동의 움직임도 있었다. 더 최악은 그들 모두 "유럽적 가치의 회복"

이라는 파시즘의 약속을 기꺼이 믿은 나머지, 자신들의 고급문화의 고탑에 어울리지 않는 모든 이를 향해 깊은 적대감을 품었다는 점이다.

파시스트들은 이렇게 권력을 잡았다. 자유를 향한 두려움과 최악의 소인배스러움에 뿌리를 둔, 증오와 원한이 가득한 정치학을 들고 나온 사상 없는 대중 선동가들이 권력을 잡은 것이다. 그러한 두려움은 오로지 폭력, 끝없는 폭력을 통해서만 스스로를 해방시킬 수 있었다.

IV.

우리는 역사의 교훈을 배워야 했다.

교훈 1 프리모 레비: "이 사건은 모든 예상을 뒤엎고 일어났다. 이것은 유럽에서 일어났다. 바이마르의 활기 넘치는 문화적 개화기에서 방금 나온 문명화된 민족 전체가, 오늘날 같으면 그 모습이 웃음을 자아낼 어릿광대를 따르는 믿을 수 없는 일이 일어났다. 그러나 아돌프 히틀러는 복종을 이끌어냈고, 파국이 닥칠 때까지 칭송되었다. 사건은 일어났고 또다시 일어날 수 있다. 이것이 우리가 말하고자 하

이 시대와 맞서 싸우기 위해

는 것의 핵심이다."

교훈 2 테오도어 아도르노: "아우슈비츠 현상에 진정한 저항력을 발휘할 수 있는 유일한 힘은 개인의 자율성, 반성 능력, 자기 결정, 휩쓸리지 않고 동화되지 않으며 인격자가 되는 것, 특성 없는 개인이 아닌 독립적인 정신이다."

교훈 3 윈스턴 처칠: "우리는 일종의 유럽 합중국United States of Europe을 세워야 한다. 또한 우리는 유럽의 정신적 기원이 사라져서는 안 되며, 살아남아 빛나야 한다는 우리의 결의를 선언한다."

교훈 4 토마스 만: "먼저 정신적 풍조가 지금과 달라지지 않으면, 정신의 고귀함을 받아들이는 새로운 감수성이 없으면 그 어떤 회담도, 기술적 방법이나 사법 기관도, 세계정부까지도 새로운 사회의 도래에 도움이 되지 않는다."

교훈 5 알베르 카뮈: "그러나 지옥은 한때뿐, 어느 날엔가는 삶이 다시 시작된다. 역사에도 아마 종말이 있을 것이다. 그러나 우리의 할 일은 역사를 끝맺는 것이 아니라, 이제는 우리가 진리임을 알게 된 것의 이미지를 본떠서 역사를 창조하는 것이다. (……) 인간은 인간 본성과 세계의 미를 끊임없이 예찬하면서도 영원토록 불의를 거부할 수 있을까? 우리의 대답은 '그렇다'이다. 복종을 거부하면서도 동시에 충실한 이 도덕은 어쨌든 진정으로 현실적인 혁명의 길을 밝혀줄 수 있는 유일한 도덕이다. 미를 계속하여 간직함으로써 우리는 재생의 그날을 준비한다. 그날이 오면 문명은 형식 원리와 역사의 타락한 가치 대신에, 세계와 인간에게 공통된 존엄성을 확립하는 이 살아 있는 미덕을 곰곰이 사색하게 될 것이다."

V.

우리는 이러한 교훈을 배우지 못했고, 그래서 그 교훈들은 벌써 잊었다. 놀랄 일은 아니다. 누구든 우리의 문화사, 즉 가치가 쇠퇴하고 유럽 정신이 상실된 역사에 관해 조금이라도 지식을 가지고 현대사회를 성찰한 사람이라면 카뮈와 만이 1947년에 벌써 파시즘이 종전 후에도 사라지지 않은 정치적 현상이라고 했던 말이 완전히 옳았다는 결론을 피할 수 없다. 지금으로선 그것을 양심을 품은 대중-인간 사고방식의 정치화라고 부를 수 있겠다. 그것은 자기 권력을 강화하고 확장하는 것 외에는 안중에 없는 선동가들이 이용하는 형태의 정치학으로, 결국 그들은 원한을 악용하고, 희생양을 지목하고, 증오를 조장하고, 지적 무능을 시끌벅적한 슬로건과 모욕 아래 감추며, 포퓰리즘을 활용하여 예술의 경지에 달한 정치적 기회주의를 실행한다.

파시즘은 다시 스스로를 드러내고 있다. 그러나 의사가 죽은 쥐 한 마리를 발견하고 그다음 날에는 셋 그리고 매일 더 많은 쥐 사체를 발견했던, 제정신이고 지식이 있는 사람이라면 누구나 이것이 새로운 페스트의 발발임을 알지만 이 명백한 사실을 집단적으로 '부인'하기 위해서만 '인정'하는 그 봄날처럼―이제 같은 방식으로 우리는 우리 사회에서 파시즘의 부활이라는 분명한 현상이 여전히 그저 간단하게 호명될 수는 없다는 것을 안다.

"우리는 자유를 추구하는 정당이므로 파시스트가 아니다!"

1940년 10월 3일, 토마스 만은 미국 LA에 있는 클레어몬트 칼리지에서 "전쟁과 민주주의War and Democracy"라는 제목의 강연을 했다. 히틀러 치하의 독일에서 살 수 없던 만은 이미 7년을 망명자로 떠돌고 있었다. 뮌헨에서 30년 넘게 살았던 그는 파시스트 운동이 권력을 장악하는 모습을 직접 목격했다. 거짓이 완벽한 지배력을 획득한 일이 파시스트가 정치권력을 손에 넣는 데 기여했다. 단어는 원래의 의미에서 분리되었고 슬로건으로 축소되었다. 만은 서민을 위하는 어떤 정치운동과 지도자가 있다는 말이 서민들에게 각인되는 것을 직접 지켜보았다. 처음에는 카페와 응접실에서, 그다음에는 거리에서, 그다음에는 대중 집회에서 말이 퍼져갔다. 그 지도자는 서민의 요구와 이익 그리고 자유를 위해 자신의 인생을 헌신하고자 하는 열의로 가득하고, 독일 인민의 가치를 공언하고 수호하는 사람이라고 했다. 그리고 그는 기성 정치계에 속하지 않고 진정으로 인민의 사람이며 서민의 언어로 말했는데 그것이 그 지도자가 신뢰를 받은 이유 중 하나였다. 이 경험을 바탕으로, 만은 미국에서 청중에게 이렇게 경고했다. "제가 여러분께 완전한 진리 하나를 말해드리죠. 만일 파시즘이 미국으로 온다면, 그것은 자유의 이름으로 올 것입니다."

"우리는 파시스트가 아니다. 이슬람이 파시스트다!"

다른 모든 종교와 마찬가지로, 이슬람교는 여러 얼굴을 가지고 있다. 최상의 상황에서 종교는 그 신도를 해방시킬 것이고, 이웃을 사랑함으로써 삶을 사랑하도록 권장할 것이며, 자비심, 정의, 관용, 환대 그리고 자연에 대한 존경

　　　　　　　　이 시대와 맞서 싸우기 위해

심을 고취할 것이다. 최악의 상태에서 종교는 근본주의적이고 전체주의적이며, 사람들을 예속시키고 그들의 자유를 강탈하며, 편협하다. 이슬람교도들은 순수하고 완전한—그러므로 전체주의적인—이슬람 국가에 헌신하며, 이란의 근본주의자들은 이미 이것을 실행에 옮겼다. 기독교의 역사 또한 종말론과 순수한 기독교 세계, 지상에 도래한 신의 왕국이 십자군 전쟁, 종교 전쟁, 종교 재판, 이단자와 마녀의 화형, 게토 설치 그리고 죽음의 공장(나치의 유대인 학살)으로 연결된 증오와 반유대주의를 정당화하기 위해 이용된 에피소드가 있다. 유대교 신자 중에도 근본주의자는 있다. 모든 이데올로기가 전체주의가 될 수 있듯이, 모든 종교도 전체주의적이 될 수 있다. 그리고 부정의, 혹은 부정의로 추정되는 것에 맞서는 모든 저항은 압제와 테러리즘으로 타락할 가능성이 있다.

그러나 우리는 파시즘이 특히 **유럽의** 역사임을 결코 잊어선 안 된다. 파시즘은 생각 없는 대중사회라는 **우리의** 문화에 그 뿌리를 두고 있다. 죽음의 공장은 **여기 유럽**에 있었고, 여기는 우리가 그 선동가들을 두 팔 벌려 환영하고 그 다음 무심하게 구경하는 사이에 전체주의의 압제와 살해가 일어났던 곳이다. 이 원한에 젖은 사회에서 자유를 향한 공포와 무엇이든 남다른 것에 대한 반발이 자라났고, 다시 한 번 자라나고 있다.

"이슬람화가 가장 심각한 위협이다!"

2008년 금융 위기는 우리의 번영에 지대한 영향을 미쳤다. 경제의 세계화 및 중국과 인도가 신흥 초강대국으로 등장한 일 또한 사회경제적으로 새롭고 중대한 결과를 초래할 것이다. 전 지구적 환경 위기는 우리 행성의 미래에 대재앙이 될 수 있다. 우리의 민주주의는 위기에 빠져 있다. 정당들은 더 이상 그 어떤 비전도 없다. 정치와 정부에 대한 신뢰는 위험한 수준으로 하락했다. 선거는 내용 없는 잡다한 정보의 카니발로 축소되었다.

우리 사회가 심각한 문화적 위기를 겪고 있음은 명백하다. 우리는 더 이상 공통의 정신적 가치가 무엇인지 알지 못하고, 교육은 더 이상 자기 수양과 도덕적 훈련을 제공하지 않으며, 모든 문명의 이상의 기반이 되는 근본적 질문에 어떻게 대답해야 하는지도 모른다. **'무엇이 올바른 삶의 방식인가? 좋은 사회란 어떤 사회인가?'**라는 질문에 말이다.

이 모든 질문과 이슬람교가 무슨 상관이 있을까? 아무런 상관이 없다. 유럽 내의 이슬람 커뮤니티에 유럽을 "이슬람화"시키려고 하는 진지한 정치운동이 있는가? 없다. 무슬림 광신도 중에 자신들이 신성시하는 것을 비판하거나 조롱하는 것처럼 보이기만 하면 격분하고 시끄럽게 굴면서 살인과 테러로 화답하려 하는 이가 있는가? 그렇다. 서구를 증오하고 이교도의 세계와 이슬람적이지 못한 것 전부를 정화하려는 무슬림 근본주의자가 있는가? 분명 있다. 그러나 우리 사회에 이슬람 근본주의보다 더 큰 위협은 대중사회에 내재한 위기다. 도덕적 위기, 끝없이 심해지는 우리 사회의 사소화, 단순화가 그것이다. 이 문명의 위기가 우리의 근본 가치에 대한 진정한 위협이며, 우리는 **문명화된** 사회를 지탱하기 위해 사회의 근본 가치를 수호하고 유지해야 한다. 게다가 유럽의 파시즘으로는 이슬람 근본주의와 테러리즘을 결코 물리칠 수 없다.

"우리는 친유대적이므로 파시스트가 아니다!"

조르조 바사니Giorgio Bassani가 1962년에 발표한 걸작 소설《핀치 콘티니 가의 정원》을 읽어야 할 이유에는 여러 가지가 있는데, 그중 하나는 무솔리니의 충실한 지지자들 중 상당수가 중상류층인 이탈리아 유대인들이었다는 것을 배울 수 있다는 점이다. 1919년 3월 23일, 무솔리니는 이탈리아 전투 파스키Fasci Italiani di Combattimento를 창당했다(훗날의 국가 파시스트당Partito Nazionale Fascista). 얼마 지나지 않아 토리노 유대인 공동체의 수장 에토레 오바짜Ettore Ovazza가 이 정당에 입당한다. 오바짜는 진심으로 파시즘을 믿었고, 맹렬히 파시즘을 방어했다. 그는 《우리의 깃발La Nostra Bandiera》이라는 신문을 창간하고 유대인을 위해 파시스트 이념을 전파했다. 무솔리니는 오바짜의 활동에 감사해했다. 그는 유대인들을 문제 삼지 않았다. 무솔리니의 정부情婦가 유대인이었고, 내각 각료 중에도 유대인이 한 명 있었다. 1930년대 후반까지 '일 두체'(무솔리니)는 '드 퓌르'(히틀러)를 혐오했다. 그는 "파시즘은 이탈리아 국민의 위대한 문화적 전통에 뿌리박은 체제다! 국가사회주의는 순전히 야만일 뿐이다"라고 자랑스럽게 선언했다. 또 무솔리니는 세계유대인회World Jewish Congress 의장 중 한 명이었던 나훔 골드먼Nahum Goldman에게 "히틀러는 얼간이에 광신도 불량배요. 히틀러의 흔적이 다 없어지고 나서도 유대인은 여전히 위대한 민족일 것이오. 우리 이탈리아인과 유대인은 거대한 역사의 힘이지. 히틀러 군은 농담거리일 뿐이야"라고도 말했다.

파시스트는 절대로 믿으면 안 된다. 1938년, '일 두체'가 '드 퓌르'의 환심을 사야 할 상황이 되자 이탈리아에 인종법이 도입되었다. 유대인 파시스트라 할지라도 죽음을 피하지는 못했다.

파시즘은 그 정의 자체로 반유대주의적이지는 않다. 그보다 파시즘은 사방이 "적"으로 둘러싸여 있다는 망상을 필요로 한다. 당신이 친유대적이거나 친이스라엘적이라는 점이 당신이 또한 파시스트가 될 수 없음을 뜻하진 않는다.

"우리는 유대-기독교 신앙과 인문주의의 옹호자다!"

이것은 또 다른 거짓말로, **자신들의 문화**에 대해 무엇이라도 할 말을 찾아야겠다고 생각하는 반₩문명화된 사람들이 내세우는 슬로건이다. 정말로 유대-기독교와 인문주의 신념에 충실한 사람이라면 반드시 다음과 같은 계명을 배웠을 것이다. "너희는 나그네를 사랑하라. 전에 너희도 애굽 땅에서 나그네 되었음이니라."(신명기 10:19)

유대-기독교와 인문주의 전통의 수호자라면 언제나 모든 사람을 전부 포함하는 보편적 윤리의 존재를 믿을 것이다. 우리의 진정한 정체성은 국적, 출신, 언어, 신앙, 수입, 인종, 그 외 다른 어떤 요소와 관련해서든 〔우리가〕 타자와 구분되는 지점에서 비롯되는 것이 아니다. 우리의 정체성은 서로를 일치시키고 인류의 화합을 가능하게 하는, 정확히 그 지점에서 결정된다. 모든 인간의 존엄을 형성하고 모든 사람이 받아들일 수 있는 보편적인 정신적 가치 말이다. 따라서 이러한 전통은 교육을 물질적 이익보다 훨씬 더 중요하게 여기고, 삶을 끝없는 공부의 과정으로 보고 진실, 정의, 자비, 미와 같은 절대적 가치를 받아들인다. 이 전통은 예술, 고전, 철학 그리고 신학을 교육의 중심에 놓는데, 그러한 분야가 우리에게 덕을 가르치는 가장 중요한 방편들이며 우리가 지혜를 얻도록 돕기 때문이다.

이러한 신념 중 하나 또는 전부를 가진 사람은 원한의 사회 문화, 다른 신앙이나 신념 체계에 속해 있다는 이유만으로 희생양을 지목하는 것 그리고 선동이 조장하는 모든 혐오에 저항하는 데 자신의 온 힘을 다 쏟는다. 그런 신념 중 하나를 따른다면, 대중을 조종하는 대신 사람들을 향상시키는 것을 목표로 삼을 것이다.

이러한 신념 중 하나 또는 전부를 가진 사람은 유럽 정신이라는 사상에 충실할 것이며, 유럽의 정치적 통합을 추구할 것이다.

이러한 신념 중 하나 또는 전부를 가진 사람은 다음과 같은 계명을 알고 있다. "서로 거짓말하지 말며"(레위기 19:11)

진정으로 인문주의자이고자 하는 사람은 모든 형태의 광신을 거부하며, 진심에서 우러나오는 예의와 대화, 소통의 기술을 배운다.

네덜란드 자유당Partij voor de Vrijheid, PVV이 실제로 내놓는 것은 파렴치하게도 유대-기독교 및 인문주의 전통과 완전히 반대되는 것이다. 천박한 물질만능주의, 억압적인 국가

이 시대와 맞서 싸우기 위해

주의, 제노포비아(외국인 혐오), 원한을 터뜨릴 뇌관, 예술과 정신적 가치 수양에 대한 깊은 혐오, 숨막힐 듯한 정신적 편협성, 유럽 정신을 향한 맹렬한 저항 그리고 끝없는 정치적 거짓말이 바로 그것이다.

자유당의 사고방식을 보여주는 가장 비뚤어진 예시는 그들의 정강 팸플릿에 나오는 다음과 같은 설명이다. "해결책"이라는 제목 아래 〈우리 문화를 선택하기〉라는 장에서 다음과 같은 구절을 읽을 수 있다. "우리 당은 5월 4일*에 (국가)사회주의의 희생자들을 추모한다. 5월 5일에 우리의 해방을 기념한다. 이 행사는 앞으로도 이어질 것이다. 5월 5일은 국경일이 될 것이다." 정말로 "(국가)사회주의"라고 말하고 있다! **국가**를 괄호 안에 넣고, 사회주의를 강조한다! 말하자면 히틀러는 사회주의자였고, 그러니 우리가 5월 4일에 기념하는 희생자들은 사실 사회주의의 희생자들, 자유당이 증오하는 "좌익"의 희생자들인 것이다. 이 구절은 자유당의 진짜 특성을 나타낸다. 진실을 괄호 속에 감추고 사실을 파렴치하게 왜곡하며 끊임없이 거짓말하는 것

---

* 5월 4일은 네덜란드의 현충일National Dodenherdenking이다. 2차대전에서 평화를 지키기 위해 사망한 모든 군인과 민간인을 기리는 국경일로, 다양한 행사가 열린다.

이 그 특성이다.

"많은 지식인이 우리를 지지한다!"

실로 그러하다. 지식인의 배신은 언제나 있어왔던 현상이다. 우리의 박식한 친구들 중 많은 이가 체제 순응성과 정치적 멍청함을 공통된 특성으로 가지고 있다.

"우리를 지지하는 젊은이가 점점 늘어난다!"

이 신세계의 어린아이들은 자신들이 우리가 겪어본 그 어떤 일보다 힘든 일을 하며 살고 있다고 주장한다. 우리는 시민 시대의 경제적 안정 속에 자라날 수 있었던 반면 그들이 겪는 모험, 곤궁, 불확실성은 너무나 크다는 것이다. (……) 중요한 점은, 새 세대는 더 이상 가장 고상하고 깊은 의미에서의 '문명', 자기 수양, 독자적 책임과 노력을 알지 못한다는 점이다. 대신, 그들은 집단에서 편리함을 찾는다. 집단은 개인에 비하면 편리한 공간으로, 방종하리만큼 편리하다. 이 집단주의 세대가 소망하고, 인정하고, 용납하는 것은 '나'의 영원한 휴가다. '나'는 도취 상태를 원하고 사랑한다. (……) 이 젊은이들은 스스로 감당해야 하는 실존의 심오함에서 벗어나 그

이 시대와 맞서 싸우기 위해

저 휩쓸리기 위해 군중에 파묻히고 싶어 하고, 군중의 행진이 어디를 향하는지는 신경 쓰지 않는다. 그런 일에서 어떤 행복을 찾는지 명확하게 설명해달라고 하면 그들은 구체적 해석을 (……) 내놓으려는 열의를 별로 보이지 않는다. 이 젊은이들의 목적은 자아와 자아의 부담에서 풀려나게 해주는 집단적 도취 그 자체다. (……) [그러한 집단적 도취를 희구하는 이유는] 자아로부터, 사유로부터, 더 정확히 말하자면 도덕과 합리성으로부터 해방되고자 함이다. 또 그러면서 자연히 공포로부터도 해방된다. 그들이 집단에 합류하도록, 함께하는 온기를 추구하도록, 크게 노래 부르도록 충동하는 삶의 실존적 공포로부터……

—토마스 만, 〈주의하라 유럽이여achtung europa〉(1938)[*]

"우리는 힘들게 사는 사람들을 특히 옹호한다!"

호세 오르테가 이 가세트, 폴 발레리 그리고 토마스 만은 유럽 사회가 정신적 가치의 상실이 야기한 문명의 위기로 시험에 들게 되리란 것을 깨달았다. 그들은 다른 모든 위

---

[*] 이 글의 경우, 롭 리멘이 독어 원문에서 많은 부분을 생략한 채 번역한 듯 보인다. 이해를 돕기 위해 독일어 원문을 참고하여 보완·수정했다.

기의 징후들(경제 위기, 교육과 예술 지식의 쇠퇴, 자유에 대한 공격과 공포의 심화, 정체성의 위기)이 문명 위기의 결과라는 점도 깨달았다.

"열심히 일하는 사람들"의 필요에 정말로 부응하는 정치학이 어떤 형태인지 알아내려면 먼저 다른 질문을 던져야 한다. 20세기 문명의 위기는 종식되었는가? 아무 신문 가판대라도 들여다보면 지금 우리가 어떤 가치를 가지고 무엇을 정말로 중요하게 여기는지 알아낼 수 있다. 공항이나 기차역에 있는 그런 가판대는 우리 문화의 축소판이자 반영이다. 모든 곳에 같은 종류의 신문과 잡지가 있는 것은 그 신문과 잡지에 그만큼 많은 독자층이 있다는 방증이다.

그런 가판대의 선반 하나는 항상 컴퓨터나 다른 기술적 혁신을 다루는 간행물로 가득하다. 이는 기술과 기술 진보에 대한 우리의 관심을 보여준다. 빠른 자동차, 더 빠른 오토바이와 자동차 경주〔에 대한 이야기〕로 채워진 선반도 흔하게 있다. 이는 시간과 속도에 대한 우리의 집착을 보여준다. 빠를수록 좋은 것이다. 금융 및 경제 정보지도 어쩔 수 없이 보게 된다. 옆으로 한 걸음 더 가면 유명인과 아이돌의 사진이 우리를 향해 웃는다. 이들도 하나의 현상이다. 이제 더 이상 연예인이 빠진 우리 사회를 상상할 수 없다. 그리고 가판대를 떠나기 전, 우리는 라이프스타일, 뷰티 그

이 시대와 맞서 싸우기 위해

리고 섹스의 비법을 알려주는 출판물들을 지나간다.

다음 질문은 이것이다. 우리 사회는 왜 이렇게 기술, 속도, 돈, 명성, 겉치장 그리고 외모에 많은 가치를 두는가? 그 대답을 소크라테스가 2500년 전에 친구들과 나눈 대화에서 찾을 수 있다. 그는 "쾌락에만 초점을 맞추고 최고선을 경시하는" 삶의 방식을 비판한다. 이것은 20세기에 와서야 하나의 개념이 되었으며 그 이후 멈추지 않고 행진하는 현상, 즉 키치의 정의에 해당한다. 우리 사회는 최고선과 정신적 가치를 도외시한다는 점에서 키치 사회이고, 우리는 존재 전체를 쾌락의 표상 아래 두고 살아간다. 그 결과는 광범위하게 영향을 미친다.

더 이상 그 어떤 절대적 가치도 존재하지 않기에 우리 행동을 객관적으로 측정할 방도가 없고, 모든 것이 주관적이 되어버렸다. 이 특별한 나, 나의 에고가 만물의 척도가 되고, 오로지 **나**의 느낌과 **나**의 생각만이 중요해진다. **나**는 **내** 취향, **내** 의견, 그리고 **내**가 존중받아야 하는 방식을 고집한다. 이것이 지켜지지 않으면 **나**는 불쾌해진다. 만물의 척도인 이 민감한 에고는 비난을 참지 않으며 자기비판이라고는 모른다. 당신의 정체성은 더 이상 당신의 정신적 가치를 나타내는 표현(당신이 누구인가)이 아니라 물질성이다. 당신이 무엇을 소유했고 겉으로 어떻게 보이는지가 당신의 정체성이 되었다. 말 그대로, 당신은 정체성을 구매할 수 있고 개조하고 바꿀 수 있다.

그러므로 끝없이 구매하고 소유하려는 강박은 탐욕의 발현이라기보다는, 차라리 다른 사람들이 당신을 **좋아**해주길 바라고 기대하면서 최대한 많은 이들에게 자랑할 수 있는 정체성을 가지고 싶다는 갈망이다. 정신적 삶은 이제 아무것도 아니다. 기분이 좋다면 그걸로 그만이다. 그리고 당신은 모든 것이 좋고 즐거우면 쾌적함을 느낀다. 쾌적함은 당신이 시간을 쏟는 모든 것을 측정하는 궁극의 척도다. 연애는 쾌적해야 하고, 친구도 쾌적해야 하며, 공부와 일도 쾌적해야 한다. 여가 시간에 즐거움을 얻고 싶기 때문에, 대중매체, 스포츠, 게임, 취미 그리고 예술은 무엇보다도 일단 쾌적해야 한다. 당신이 기분이 좋지 않은 건 드문 사건이며, 관계나 직업을 바꿔도 도움이 되지 않는다면 알약을 삼켜 불쾌한 기분을 바로 몰아낼 수 있다. 다행히도 이런 해결책은 손쉽게 구매할 수 있다.

절대적인 것이 존재하지 않는 한, 영원한 것도 없다. 모든 것은 유한하고 덧없다. 우리가 더 이상 시간이나 인내를 갖지 못하고 속도와 참신함에 집착하는 것은 이 때문이다. 이것이 바로 우리가 죽음에 고질적 공포를 느끼고, 끊임없이 영원한 젊음을 누리고 싶은 욕구를 가지며, 청춘과 그 본

이 시대와 맞서 싸우기 위해

질적인 유치함을 숭배하는 이유다.

키치 사회에서 정치는 더 이상 무엇이 좋은 사회인지, 어떻게 그런 사회를 성취할지 진지하게 논의하는 공공의 장이 아니다. 정치는 무엇보다도 슬로건과 대중적 이미지로 정치권력을 얻고 지키는 서커스가 되었다. 이런 사회에서 경제는 다른 모든 것(사람, 환경, 가치)을 희생시키더라도 돈 벌기를 원하는 상업 정신에 지배되며, 상업 정신의 주술에 홀린 사람은 누구든 순응적·경쟁적·생산적·효율적·상업적이어야 하고, 무엇보다도 자기 자신을 잃어야 한다. 교육은 더 이상 사람들이 진리를 추구하고 미를 창조하며 정의를 수호하는 삶을 살도록 인격을 도야하고 지혜를 전수하는 과정이 아니다. 교육은 모든 유용한 것, 경제적으로 쓸모 있는 지식과 돈을 벌기 위해 알아야 하는 것들을 전달하는 도구로 타락했다.

키치가 지배하는 곳에 본질적으로 가치 있는 것은 아무것도 없다. 존재하는 모든 것은 유용하거나, 쾌락적이라고 여겨지거나, 그 둘 모두로 간주되기 때문에 존재를 허락받는다. 키치는 저항할 수 없는 쾌락과 아름다움의 유혹이다. 그러나 그 아름다움에는 진실이 없다. 그것은 유혹을 위해 사용되는 동시에 무언가를 감추기 위한 화장품과 유사하다. 키치의 아름다움은 바닥을 헤아릴 수 없는 정신적 공허를 감춘다. 키치는 무언가가 가치 있다고 주장하는 거짓말이다. 그 무언가는 사실 우리 영혼으로부터의 끊임없는 도피이며, 영혼은 겉모습이 기만적일 수 있음을 알고 있다. 그러므로 우리는 완전한 망각, 즉 도취를 희구한다. 그러나 도취 상태가 영원히 지속되는 법은 없다. 도취가 사라지고 나면, 인생은 더 이상 즐겁지 않고 우리는 자신의 무의미함을 깨닫고 공포에 질리고 만다. 이것이 대중-인간 안의 원한, 혐오 그리고 악의가 일깨워지는 순간이다.

이탈리아의 출판업자 장이아코모 펠트리넬리Giangiacomo Feltrinelli는 러시아 시인 보리스 파스테르나크의 소설 《닥터 지바고》를 출판했다. 그는 1960년 5월에 파스테르나크에게 보내는 편지에 이렇게 썼다. "'제4제국'*은 타협, 돈 그리고 지적 빈곤의 시대다." 펠트리넬리는 이 한 문장으로 사회적 엘리트의 배신이라는 핵심을 압축했다.

태어날 때부터 대중-인간인 사람은 없다. 그 반대가 진실이다. 어른이 된다는 것은 인생의 중요한 질문, 주로 의미의 질문을 깨닫는 것이다. 그러나 많은 사람들, 특히 "힘들게 사는" 사람들은 이런 질문의 답을 찾고 자유롭고 책임감

✿ 나치 독일의 제3제국이 부활했다는 뜻으로, 파시즘 시대를 말한다.

64   이 시대와 맞서 싸우기 위해

있게 살기 위한 노력이라는 면에서 무기력하게 홀로 남겨져 있다.

인문주의는 수명을 다했다고, 절대적인 정신적 가치, 영원히 변치 않는 가치를 지닌 것은 존재하지 않으며, 보편적이고 시간을 초월한 가치란 이미 (과거의) 역사에 지나지 않는다고 주장하는 니힐리즘적 지식인들이 있다. 그들은 힘들게 사는 사람들을 저버린 것이다. 이 소피스트들은 모든 것은 하찮다고 주장하는데, 사실 자기 자신들이야말로 가장 하찮다는 사실을 깨닫지 못하고 있다.

진리가 절대적이라는 바로 그 이유 때문에 항상 시대에 따라 바뀌는 진리의 형태에 대비해야 한다는 것과, 진리를 신뢰하고 추구하며 살기 위해 새로움을 찾고 변화해야 한다는 것을 이해하지 못하는 보수 지식인들이 있다. 이들 또한 힘들게 사는 사람들을 저버렸다. 반계몽주의에 빠지는 실수를 피하고 삶을 굳어진 채로 무감각하게 보내지 않기 위해 우리는 의미 있는 환경을 찾아야 한다.

교육 시스템이 이 사람들을 저버렸다. 교육은 개인이 인격자로 성장할 수 있도록 하는 정신적, 도덕적 훈련인 예술과 고전의 자유교육(인문교육)을 포기했다. 그 대신 교육은 경영과 국가에 쓸모 있는 내용을 받아쓰는 층위로 완전히 이동해버렸다.

사람들은 우리 자본주의 민주주의에 가장 큰 영향을 미치는 비즈니스 엘리트로부터 버림받았다. 그들은 돈을 많이 버는 것이 인생에서 가장 중요하다는 생각으로 사회를 오염시켰다. "시장 가치"가 중요성을 측정하는 절대 기준이라는 믿음을 선전함으로써, 이 엘리트들은 비물질적 가치를 표상하는 것, 돈은 벌어들이지 못하면서 유지하는 데는 실제로 돈이 드는 것—예술, 전통, 약한 동료 인간에 대한 연민—들의 기반을 약화시켰다.

좌파와 우파 정치 엘리트 모두가 인민을 저버렸다. 그들은 모두 원칙, 비전 그리고 이상을 유권자의 호의라는 위폐와 맞바꿔 포기했으며 시류에 영합했다. 편의주의와 상상력이 결여된 실용주의에 휩쓸려, 이 친구들은 포퓰리즘을 내놓는다. 그러나 포퓰리스트 정치는 현대 대중사회와 그 사회의 키치한 문화가 품고 있는 공포와 욕망의 반영에 지나지 않는다는 점에서 언제나 기만적이다. 포퓰리스트 정치가 아무것도 해결하지 못하는 것은 이 때문이다. 장기적으로 보면 그런 정치는 다양한 외피를 쓰고 위기를 심화시킬 뿐이다. 포퓰리스트 정치인들의 수사에서 그것을 들을 수 있다. 그들이 말하는 모든 것은 "당신의 돈-우리 경제-우리나라-힘든-안보-사회적-반사회적-비용 절감-적자-전통"…… 언제나 이런 용어들로만 표현된다. 그들은 진짜 비전을 내놓는 법이 거의 없고, 우리 위기의 본질이 문명의 위기라는 것, 경제 위기는 사실 도덕적 위기이고 그 위기는 우리가 그것을 더 철저히 감독한다고 해서 해결되지 않는다는 것, 뮤즈의 언어 없이는 절대로 우리의 가장 심오한 경험들을 판단하거나 분명히 설명할 수 없다는 것 그리고 폭력은 더 많은 법과 더 강력한 처벌이 아니라 오직 양심의 발달에 의해서만 사라질 수 있다는 것을 깨닫지 못한다.

인민을 저버린 정치 엘리트는 정신적 삶이나 가치에 대해 아무것도 모른다. 오로지 권력과, 권력을 잡기 위해서라면 무엇이든 용인하면서 파시즘의 부흥은 직시하기를 거부하는, 권력을 향한 맹목적 갈구만이 중요할 뿐이다. 이 엘리트의 배신을 통해 사람들은 대중-인간이 되고 그들의 정체성은 고객, 유권자, 시청자, 아니면 돈 중독자로 축소된다. 소크라테스와 스피노자가 그랬던 것처럼 대중-인간이 자유롭게 책임지며 살 기회는 점점 줄어가고, 그렇게 살라는 격려 또한 점점 더 받지 못하게 된다. 삶의 기술을 연마하고 존재를 존엄하게 하는 덕과 정신적 가치를 숙달함으로써만 우리는 올곧고 사랑으로 충만한 인격을 발달시킬 수 있으며 진정으로 자유로워진다. 만일 대중-인간의 키치 문화에서 포퓰리즘이 심한 민족주의, 원한 그리고 증오와 뒤섞이게 된다면, 그때 우리는 파시즘의 거짓 얼굴을 만나게 될 것이다. 대중 선동가들은 힘들게 사는 사람들에게 아무런 도움이 되지 않는다. '거짓이 지배한다.' 이것이 파시즘의 특징이며, 그 특성상 파시즘은 힘들게 사는 사람들을 학대할 수밖에 없다.

"우리는 폭력적이지 않다!"

독초가 다시 무성해지고 독을 퍼뜨리려면 먼저 자라나야 한다. 우리는 현대 파시즘의 시작 지점에 서 있는데, 현대의 파시즘은 2차대전 중의 파시즘보다는 그것이 막 시작하던 때에 비견되어야 할 것이다.

1935년, 이탈리아 공산주의자 팔미로 톨리아티Palmiro Togliatti가 "파시즘에 대한 강연"을 했다. 이 강의록은 매우 중요한 문서인데 무솔리니의 동포이자 동시대인이 새로운 정치학을 분석한 첫 번째 결과물을 내놓은 것이기 때문이다. 그는 파시즘이 그 신조에 근본이 되는 단일한 보편적 가치를 갖지 않기 때문에 나라마다 각기 다른 형태를 취할 것이라고 주장했다. 톨리아티는 무솔리니가 여성 투표권을 포함하는 사회 정책을 제시했기에 민주적으로 집권할 수 있었다는 점을 지적한다. 톨리아티에 따르면, 파시즘은 원래 이탈리아에서 전체주의적 특징을 띠지 않았으며 무솔리니는 집권 초기에 연립 정부를 성립시키기 위해 분투했다. 물론 무솔리니가 1차대전 이후 일상의 군사화를 이용했고, 정치 깡패를 보내 다른 당의 지도세력을 습격하는 짓도 거리낌 없이 했던 것도 사실이다. 그러나 그의 성공의 핵심은 사회의 거의 모든 계층이 '일 두체'의 뛰어난 지도력이 이탈리아의 안전과 번영 그리고 질서를 가져오리라고 믿고 있었다는 점에 있다.

나치당 또한 최대 정당이 된 적이 없었음에도 민주적으로 집권했다. 도덕적 성실성의 결여 그리고 특히 보수당이 자신들의 권력을 과대평가한 일이 나치 세력들로 하여금 권력을 잡도록 해주었다. 이후에 그들은 집권을 포기한 일이 없었다. 포기할 수 없었던 이유는, 그들의 유일한 존재 이유가 권력을 위한 권력과 원한을 품는 일이었기 때문이다. 좌절은 원한을 불러일으키고, 원한은 폭력을, 폭력은 더 많은 폭력을 부른다. 이는 무한히 반복되는 과정이다.

이것이 역사가 우리에게 가르치는 교훈이다. 그리고 유감스럽게도 인간의 본성은 바뀌지 않았다. 우리를 보호하는 제도는 오로지 사람들이 그 제도를 신뢰하는 덕분에만 존속할 수 있다. 그러나 선동가와 사기꾼이 권력을 잡으면 대중매체는 어떤 지도자, 반정치적 정치인인 그 사람만이 나라를 구할 수 있는 유일한 사람이라는 믿음을 조장하는 데 이용된다. 그리고 입헌 민주주의 제도는 권위가 무력

화되는 것만큼이나 빠르게 사라질 것이다. 더 이상 아무도 민주주의나 권위를 믿지 않기 때문이다.

"우리는 반파시스트다!"

2004년, 미국의 역사학자이자 저명한 파시즘 연구자인 로버트 O. 팩스턴Robert O. Paxton은 인상적인 책 《파시즘의 해부학》을 펴낸다. 그는 21세기에 "파시스트"라고 기꺼이 불리려 하는 파시스트는 없을 거라고 지적한다. 파시스트들은 그렇게 멍청하지 않으며, 거짓말의 명수인 그들에게는 그것이 어울린다. 주장하는 바를 들으면 현대의 파시스트 중 일부를 가려낼 수 있지만, 말보다 그들의 행동 방식을 살피는 것이 중요하다. 톨리아티와 팩스턴이 말했듯이, 파시즘은 비참할 만큼 사상을 결여하고 있고, 보편적 가치가 부재하는 탓에 언제나 당대의 시류와 문화의 색을 빌려 그 형태를 취한다. 가령 미국 파시즘은 종교적이고 흑인을 적대하며, 서유럽의 파시즘은 세속적이면서 무슬림을 적대하고, 동유럽에서는 파시즘이 가톨릭적이거나 동방 정교회의 색채를 띠며 반유대적이다.

그러나 파시스트의 기술은 어디서나 똑같다. 카리스마적 지도자의 존재, 대중 동원을 위해 포퓰리즘을 활용하는 것, 기조 집단을 피해자(위기에 처한, 엘리트와 외국인들에 의

이 시대와 맞서 싸우기 위해

한 피해자)로 지정하기 그리고 모든 원한을 "적"에게 향하도록 하는 것이 그들의 기술이다. 파시즘은 구성원 각자가 스스로 책임을 지는 민주주의적 정당을 필요로 하지 않는다. 파시즘은 남들보다 우월한 본능을 가졌다는 믿음을 주는 (근거도 없이 결정을 내리는) 고무적이고 권위 있는 지도자, 대중이 따르고 복종하는 당파의 지도자를 필요로 한다. 이런 형태의 정치학이 득세할 수 있는 건 20세기의 교훈을 배우지 못한, 위기의 시험을 받는 대중사회에서다.

VI.

네덜란드에서, 헤이르트 빌더르스Geert Wilders와 그가 이끄는 네덜란드 자유당은 현대 파시즘의 원형이며, 우리 모두에게 책임이 있는 현대사회의 논리적인 결론에 지나지 않는다. 다시 한 번, 이 현대 파시즘은 자신들의 지적 전통을 포기한 정당, 쾌락 추구적 니힐리즘을 조장한 지식인, 이름값 못하는 대학, 탐욕스런 재계 그리고 비판과 자성을 말하지 않고 대중의 복화술사가 되기로 한 대중매체들이 함께 만들어낸 결과다. 바로 이들이 파시즘이 다시 거대하게 자라날 수 있는 공간인 정신적 공허를 만들어낸 타락한 엘리트들이다.

VII.

《페스트》를 펴낸 지 4년이 지난 1951년, 알베르 카뮈는 그의 가장 위대한 에세이 〈반항하는 인간〉을 출판한다. 그는 이 글에서 왜 하필 유럽에서 비인간화가 일어났는지를 알아보기 위해 유럽 문화를 점검한다. 카뮈는 그토록 수준 높은 기술을 가지고 크게 진보한 고도의 문명에서, 그 문명의 이상에 기반이 되는 가치를 고의로 무화시키는 일에 제대로 교육받은 사람들이 어떻게 그렇게나 많이 동참하는 일이 일어났는지를 알고 싶었다. 그는 마지막 장에서 이렇게 결론 내리고 있다. "그들은 더 이상 있는 그대로의 것을, 세계를, 살아 있는 인간을 믿지 않는다. 유럽의 비밀은 유럽이 더 이상 삶을 사랑하지 않는다는 데 있다."

더 이상 삶을 사랑하지 않는다. 이것이 파시스트 정치학과 파시즘이 다시 한 번 번성할 수 있는 니힐리즘 키치 사회의 끔찍한 비밀이다. 우리가 삶을 향한 우리의 사랑을 다시 찾아내고 진정으로 삶을 가져다주는 것들—진리, 선, 미, 우정, 정의, 자비 그리고 지혜—에 자신을 헌신할 때에

만, 오로지 그때에만 우리는 파시즘이라는 치명적인 세균
에 저항력을 가지게 될 것이다.

II

에우로페의
귀환

그의 눈물, 업적
그리고 꿈

세월이 흐르는 동안 무슨 일이 있었대도, 현대에 상상력의
진실된 소용은 사실에, 과학에 그리고 공공의 삶에 궁극적
생기를 불어넣는 것이며, 그들에게 빛, 영광 그리고 모든
진실된 것에 있고 오로지 진실된 것에만 있는 최종적
탁월함을 불어넣는 것이다. 시인이나 예술가만이 줄 수 있는
그러한 궁극적 생기가 없다면, 현실은 불완전해 보일 것이며
과학, 민주주의 그리고 삶 자체가 최후에는 모두 허무할
것이다.

—월트 휘트먼,《풀잎》

I. 아르카디아에도 나는 있다 Et in Arcadia ego*

상상해보라, 에우로페를. 페니키아의 아름다운 공주이며, 그리스 신화에서 제우스가 황소로 변해 유혹한 뒤 납치했다고 전해지는 여인을. 완전히 녹초가 돼 반 익사 상태로 크레타 해변으로 떠밀려온 그는 거기에서 자랑스러운 어머니이자 엄청나게 풍부한 문화를 일군 문명에 영감을 주는 원천이 되었다. 그가, 즉 에우로페 공주가 자신의 문화 그리고 문명의 이상이 맨 처음 꽃핀 곳이기에 자신의 이름을 내어준** 지구의 작은 땅으로 돌아오는 것을 상상해보자. 떠나 있었으므로, 이것은 귀환이다. 그는 멀리 떠나 있었다. 20세기, 대량학살이 일어났고 유대인이나 아르메니아인과 같은 이들은 살던 곳에서 추방당했다. 에우로페의 문화적 유산과 가치 또한 파괴되었다. 21세기, 한 사회가 스스로를 유럽이라 칭하지만 그 사회는 에우로페의 문명과 문화에 이집트 문명과 비슷한 정도의 의의밖에 두지 않는다. 피라

---

* '인격화된 죽음'이 하는 말로, 낙원을 비롯하여 모든 곳에 죽음이 편재한다는 뜻을 담고 있는 관용구이다. 여기서는 죽음이 아닌 에우로페가 하는 말로도 해석할 수 있다.
** 유럽이라는 지명은 에우로페에서 기원한다.

미드와 미라가 된 파라오들로 죽음을 숭배한 이집트 문명은 흥미롭고, 경외심을 불러일으키며, 의심의 여지없이 방문할 만한 가치가 있고, 학술 연구의 대상이다. 그러나 그것은 현재 우리의 문화가 아니며, 따라서 그렇게 특별히 중요하지는 않다. 이런 유럽에서 유럽 정신은 사라져버린다. 그것은 피할 수 없는 일이었다.

약간의 향수와 함께, 에우로페 공주는 1946년 제네바에서 올곧은 생각을 갖춘 지성인들이 모여 폐허가 된 세계의 재건을 위해 유럽 정신l'esprit européen의 중요성과 필요성을 토론했던 것을 떠올린다. 그러나 그때도 에우로페는 열정만큼이나 박식함이 넘쳤던 그들 연설을 듣는 청중이 퀴퀴한 회의장에 모인 40명 남짓으로 제한되어 있지는 않은지 의심했었다. 대학살Shoah〔쇼아〕을 피해 살아남은 몇몇 유대 지성인과 출판인들이《유럽 유대교 사상European Judaism》이라는 새로운 잡지를 출간할 계획을 세웠다는 말을 들었을 때도 에우로페 공주는 같은 종류의 회의에 사로잡혔다. 처음부터 그는 그 잡지의 제목이 다시는 현실이 될 수 없는 소망을 표현하고 있다고 믿었다. 에우로페 공주는 자신이 그 문명과 문화와 함께 과거로, 그리고 과거에 인접한 망각의 영역으로 추방당했음을 깨달았다.

이제 이 공주가 유배지에서 귀환하는 모습을 상상해

이 시대와 맞서 싸우기 위해

보자. 어떤 방법을 썼는지 전혀 모르겠지만, 그는 돌아온다. 우리는 에우로페의 귀환을 어떻게 상상해야 할까? 그는 집도 없고 머물 장소도 정해지지 않았다. 따라서 공주는 호텔로 들어가서 자신을 소개할 것이다. 에우로페입니다! 그러나 거기서부터 문제가 시작된다. 친절한 접수원이 여권을 보여달라고 할 것이기 때문이다. 에우로페는 여권이 없고, 여권을 가질 수도 없다. 그는 특정 국적을 갖지 않기 때문이다. 물론 그건 문제가 되는 일이다. 그러나 호텔에는 빈 방이 많고 접수원은 젊은 여성의 부드러운 말씨와 매력적인 외모에 무감하지 않다. 만일 에우로페에게 신분증이 없다고 해도—"있을 수 있는 일이죠, 마담. 있을 수 있는 일입니다. 자주 일어나는 일은 아니지만 그렇게 될 때도 있죠. 그리고 뭐, 서류는 서류에 불과하니까요. 진짜 중요한 건 사람이에요, 안 그렇습니까? 우리 모두 그걸 너무 자주 잊어버린단 말이죠. 제가 저희 쪽 파일에 무언가 올려놓아보겠습니다"—만일 신분을 증명할 서류가 정말 아무것도 없대도, 그는 더 비싸지 않고 아침식사도 제공되는 방을 준비해줄 수 있다고 친절하게 말한다. 그리고⋯⋯

　에우로페가 신분증만이 아니라 돈도 없다고 털어놓는 순간, 접수원의 얼굴에 완연하던 미소는 사라지고, 그는 그렇다면 대체 왜 호텔에 들어온 거냐고 놀라서 묻는다.

"그렇지만 이미 말씀드렸잖아요,"라고 에우로페는 미소를 띠며 대답한다. "난 머물 곳이 필요해요."

"숙박비를 치르실 돈은 없고 말이죠," 접수원이 엄중히 대답한다. 그러고선 마치 갑자기 무언가를 깨달은 것처럼 그의 음성이 더 친절해진다. "여권도 없고 돈도 전혀 없으시다고요. 어디서 오신 분인지 여쭤봐도 될까요?"

에우로페가 대답한다. "나는 오래전에 페니키아에서 태어났어요. 지금은 레바논이라고 불리는 곳이죠. 그때 이후로 세계 어느 곳에나 있었고—"

"이제 이해가 됩니다," 접수원이 말을 자른다. 그리고 그는 로비의 다른 투숙객들이 듣지 못할 만큼 목소리를 낮춘다. "당신이 난민인 건 알겠습니다. 제가 도울 수만 있다면 도왔을 거예요. 그렇지만, 이보세요, 여기는 난민센터가 아니라 호텔입니다. 그리고 마담께선 숙박비를 낼 돈이 없잖아요. 정말 죄송하지만, 우리 호텔 측에서는 더 이상 도와드릴 수 없어요."

"이보세요, 착각하신 거예요. 난 난민이 아닙니다. 그보다는 추방되었다가 돌아온 자에 가까워요. 적어도," 에우로페가 조소하듯이 이렇게 덧붙인다. "나는 내 집이 응당 있어야 할 곳으로 돌아오려고 노력하는 추방된 자예요. 내게 돈이 없는 건 사실입니다. 그렇지만 난 여기서 돈이 그렇게

이 시대와 맞서 싸우기 위해

중요할 줄은 몰랐어요. 나는 무엇과도 비교할 수 없는, 한 없이 더 중요한 것을 가지고 있어요. 여기에 몹시 부족한 것 말이에요." 공주는 접수원의 미심쩍은 눈초리에 미소로 답하며 그에게 조용히 말해준다. "나에겐 영혼이 있어요."

에우로페 공주는 이 말을 하자마자 눈 깜빡할 사이에 사라지고, 말문이 막힌 접수원만 남는다. 그는 점심을 먹을 때 그 백포도주 반병을 마시지 말았어야 했다고 생각할 뿐이다.

에우로페 공주가 정말로 돌아온다면 돈 한푼 없이도 환영받을 만한 호텔이 하나 있다. 스위스 실스마리아에 있는 그랜드 호텔 발트하우스이다. 어떤 스위스인 친구가 이 호텔에서 해마다 열리는 니체 콜로키움의 프로그램 중 하나로 열릴 논의 모임에 나를 초대했을 때 그런 생각이 떠올랐다. 그해의 주제는 "니체-토마스 만-유럽의 미래"였다.

그랜드 호텔 발트하우스. 나는 몇 년 전에도 그곳에 간 적이 있다. 스위스의 알프스 산맥, 두 개의 깊고 푸른 산정 호수 사이에 있는 엥가딘 고지*에 위치한 실스마리아는 지

---

* 엥가딘 산맥 중 말로야 고개부터 체르네츠까지의 인 강Inn River 상류에 위치한 지역.

구상에서 가장 아름다운 장소 중 하나다. 미美에 대한 감수성이 대단히 뛰어났던 마르셀 프루스트도 1893년 8월에 이곳에서 몇 주를 보내면서 이곳이 정말 아름다운 곳임을 알아차렸다. 그는 첫 번째 책《즐거움과 나날》(1896)에 실스마리아와 그 주변 경관의 압도적인 아름다움에 자신이 얼마나 크게 감동했는지 썼다. 프루스트는 침엽수와 눈 덮인 산으로 둘러싸인 호수 가장자리를 산책했다. 석양이 질 무렵이면 호수의 수면은 노을 색으로 물들고, 갑자기 하나, 둘, 다섯 마리의 작은 나비들이 둑에서 둑으로 용감하게 날아다니는 것이 프루스트의 눈에 띈다. 너무도 아름다운 경치를 본 그의 눈에 눈물이 맺힌다.

프루스트는 실스마리아의 마법에 걸린 첫 번째 사람도, 유일한 사람도 아니었다. 1879년, 프리드리히 니체는 처음으로 깊은 계곡에 자리한 작은 마을 실스마리아를 방문한다. 이것은 우연히 일어난 일인데, 그는 원래 몇 마일 떨어진 장크트모리츠*에 묵을 작정이었기 때문이다. 니체는 자신의 아르카디아**를 발견했다는 것을 곧바로 깨달았다. 청명한 산 공기, 새의 지저귐이나 바람의 속삭임으로만

＊ 스위스 그라우뷘덴 주에 있는 말로자 지역의 자치단체로, 알프스 지역의 고산 휴양지(해발 약 1800미터 높이)로 꼽힌다.

깨어질 고요, 장엄한 자연, 잘 어울려 지냈던 목사를 비롯해 마을 주민들의 환대, 이 모든 것이 니체를 평화로 인도했다. 그 평화를 누리며 홀로 오래 걷고 난 후면 고삐 풀린 머릿속 생각이 정돈되어, 니체는 가구도 별로 없이 휑한 작은 집에서 그 생각을 종이에 옮겨 적곤 했다. 그는 자신의 아르카디아에서 일곱 번의 여름을 보냈고, 그 이후 실스마리아는 니체라는 이름과 뗄 수 없이 얽히게 된다.

확실히, 니체는 독일인이 되길 원한 것이 아니라 "좋은 유럽인"이 되길 원했다. 1881년 실스마리아에서 여름을 보내는 동안 니체는 후일 《즐거운 지식》이라는 책으로 출판될 글을 쓰기 시작했다. 그 책에서 니체는 아래와 같은 현상을 관찰했다.

최근 들어 **독일**이라는 단어는 계속 민족주의와 인종 혐오를 조장하고 옹호할 때 거론되고, 이제 유럽 국가들이 무슨 전염병 확산 금지 격리라도 하듯이 서로 국경을 통제하고 장벽을 쌓게 만드는, 심장과 핏줄을 오염시키

※※ 본래 그리스 지명을 가리키나, 시인 베르길리우스가 '아르카디아'를 이상향으로 찬양한 이후 자연의 풍요를 누리며 소박하고 평화롭게 사는 사람들이 있는 목가적 낙원의 대명사가 되었다.

는 민족주의라는 옴에서 즐거움을 느끼게 하는 방식으로 들먹여진다. 이런 측면에서 볼 때 우리는 전혀, 충분히 "독일적"이지 않다. (……) 우리는, 한 단어로 말하자면―그리고 이것이 우리에게 명예로운 단어가 되도록 하자!―**좋은 유럽인**, 유럽의 후계자, 부자, 너무 많이 가진 자들이며, 그러나 또한 수천 년 유럽 정신의 과도한 의무를 진 후계자들이다.

몇 년 후인 1886년, 다시 실스마리아에서 니체는 자신의 책 《인간적인, 너무나 인간적인》의 2권 서문을 썼다. 그 서문에서 니체는 자신의 책, 그 자신이 "여행기"라고 정의한 그 책들을 감히 "드물고, 큰 위험에 처해 있으며, 가장 정신적이고, 현대 영혼의 양심이 되어야 할 가장 용감한 사람 (……) 당신, **좋은 유럽인**에게!" 헌정한다고 밝혔다.

따라서 별로 놀랄 일도 아니겠지만, 니체는 위대한 정신을 가진 사람들이 유럽 대륙의 정치적 통합이 필수 불가결한 일임을 깨달을 거라고 확신했다. 《선악의 저편》은 니체가 실스마리아에 머무는 동안 써낸 첫 책 중 한 권으로, 여기서 그는 이렇게 쓰고 있다.

민족주의의 망상이 유럽의 여러 민족들 사이에 가져다

주었고 아직도 가져다주고 있는 병적인 소외 탓에, 이와 마찬가지로 오늘날 이 망상에 힘입어 기운차고, 그들이 추진하고 있는 상호 분리 정책이 필연적으로 과도기적 정책밖에 될 수 없음을 조금도 알아채지 못하는 근시안적이고 성급한 정치가들 탓에—오늘날에는 말로는 전혀 표현할 수 없는 모든 수많은 것 탓에, 이제 **유럽이 하나가 되기를 원한다**는 것을 표현하고 있는 가장 명백한 징조들이 간과되거나 제멋대로 기만적으로 다시 해석되고 있다. (……) 내가 생각하고 있는 것은 나폴레옹, 괴테, 베토벤, 스탕달, 하인리히 하이네, 쇼펜하우어 같은 인간들이다. (……) 그들은 그 요구의 높이와 깊이 모두에서 유사하며 근본이 유사하다: 그들의 다양하고 격정적인 예술을 통해 그 영혼이 밖으로 위로 치닫고 이를 열망하는 것이 유럽, 바로 이 하나의 유럽인 것이다.

마치 니체의 부름을 들은 것처럼, "좋은 유럽인" 여럿이 실스마리아를 방문했고 그들 대부분은 그랜드 호텔 발트하우스에 묵었다. 토마스 만은 미국으로 추방되기 전이나 추방된 후나 변함없이 그곳에서 셀 수 없이 많은 휴가를 보냈다. 1954년 8월에 마지막으로 갔을 때는 2주 내내 머물면서 발코니에서 아침을 먹은 다음 안톤 체호프에 대해서 쓴 자신의 에세이를 수정하곤 했다. 만은 그로부터 1년 후 그가 하게 되는 마지막 중요한 강의를 준비하며 실러가 쓴 글이나 프리드리히 실러에 관한 글을 아주 많이 읽었으며, 손에 베르무트 한 잔을 들고는 친구인 헤르만 헤세와 세계 정세를 논했다. 실스마리아에는 라이너 마리아 릴케가 왔고, 알버트 아인슈타인도 왔으며, 마르크 샤갈, 오스카 코코슈카Oscar Kokoschka❋뿐 아니라 많은 음악인들도 이곳을 찾았다. 브루노 발터Bruno Walter❋❋, 클라라 하스킬Clara Haskil❋❋❋, 오토 클렘페러Otto Klemperer❋❋❋❋, 디누 리파티Dinu Lipatti❋❋❋❋❋, 빌헬름 켐프Wilhelm Kempff❋❋❋❋❋❋, 예후디 메뉴인Yehudi Menuhin❋❋❋❋❋❋❋ 같은 사람들…… 실스마리아, 특히 그랜드 호텔 발트하우스는 19세기와 20세기 유럽의 파르나소스가 되었고,❋❋❋❋❋❋❋❋ 유럽의 가장 위대한 정신들이 머무는 거처가 되었다.

❋ 1886~1980. 오스트리아의 표현주의 화가이자 시인, 극작가.
❋❋ 1876~1962. 독일 태생 유대인으로, 지휘자 겸 작곡가.
❋❋❋ 1895~1960. 루마니아의 피아니스트.
❋❋❋❋ 1885~1973. 독일의 지휘자 겸 작곡가.
❋❋❋❋❋ 1917~1950. 루마니아의 피아니스트 겸 작곡가.
❋❋❋❋❋❋ 1895~1991. 독일의 피아니스트 겸 작곡가.
❋❋❋❋❋❋❋ 1916~1999. 미국 태생 영국인으로, 바이올리니스트 겸 지휘자.
❋❋❋❋❋❋❋❋ 문예의 중심지가 되었다는 뜻으로, 파르나소스는 아폴론과 아홉 뮤즈들이 시와 음악을 관장하던 산이다.

자연히 나는 친구의 초대에 응했다. 그곳에서 내가 간절히 만나고 싶던 여인을 찾을 수 있으리라는 희망과 기대가 초청을 수락한 이유의 일부였다. 에우로페 공주 말이다.

*
**

공주에게 걸맞도록, 그랜드 호텔 발트하우스는 갓 도착한 투숙객에게 위풍당당한 모습을 보여준다. 언덕 위에 우뚝 솟아 마을을 굽어보는 호텔은 높다란 탑과 총안이 있는 성벽 때문에 집이라기보다는 성처럼 보인다. 호텔의 전면부는 실바플라나 호수를 굽어보고, 뒤로는 해발고도 3000미터가 넘는 피츠 코르바취의 봉우리를 등지고 있다. 내부에는 붉은 카펫이 깔린 대리석 계단과 블루 살롱이 있다. 아무것도 변하지 않았다. 4시에서 6시 사이면 변함없이 삼중주가 연주되는 가운데 애프터눈 티를 내놓는다. 살롱과 만찬장에서는 휴대전화 사용이 엄격히 금지되어 있다. 음료를 주문할 때 계산서에 서명을 할 필요는 없다. 사람들은 서로를 알아보며 신뢰한다.

직접 모든 투숙객을 맞이하는 호텔 오너는 박사님—마치 대머리와 안경이 수많은 시간을 독서와 사색으로 보낸 증거라도 되는 것처럼, 대머리에 안경을 쓴 중년 남자라면 누구나 불리는 호칭―에게 흥미를 가지고 이것저것 질문한다. 박사님들을 환대할 수 있다는 사실이 그에게 큰 기쁨을 선사한다. 내가 오너에게 "니체-토마스 만-유럽의 미래"를 주제로 하는 콜로키움에 참석할 계획이라고 말하자 그는 공감하며 고개를 끄덕인다. 오너는 강조한다. "분명, 분명히 중요합니다! 유럽의 미래…… 박사님께선 **여기가 바로** 유럽임을, 오래된 **진정한** 유럽임을 보실 수 있을 겁니다. 유럽 정신은 여기 우리 사이에 계속 살아 있어요. 거기에 관심을 갖는 사람이 박사님만은 아닌 게 행운입니다. 정말 운이 좋으시군요. 지금 우리는 "유럽을 꿈꾸다 Ich träume Europa"라는 주제로 논의하는 매우 흥미로운 소모임을 열었습니다. 하지만 긴 여행을 하신 분이니 얼른 방으로 안내해드려야지요. 부디 쉬십시오."*

오너는 내가 묵을 방의 문을 열어준다. 자연의 장관을 목격한 프루스트의 눈가를 적셨던 호수의 정경이 보이는 방이다. 실로, 그랜드 호텔 발트하우스는 마치 시간이 멈춘 것처럼 아무것도 변하지 않았다. 유럽 문화사에 조금이라도 견문이 있는 사람이라면 누구나 베르무트 한 잔을 홀짝

---

* 여기서 오너는 영어와 독일어를 혼용하고 있다.

이 시대와 맞서 싸우기 위해

이면서 토마스 만과 헤르만 헤세, 아니면 클라라 하스킬과 디누 리파티가 아직 여기 머무르고 있는 풍경을 어렵지 않게 상상할 수 있다. 저녁이면 실내악이 연주된다. 나는 이틀 동안 내가 제일 좋아하는 작품인 하이든의 현악 사중주 Op. 76을 듣는 행운을 누렸다. 향수를 더 자극하듯 "○○○와 함께하는"이라고 이름을 단 저녁식사가 제공되는데, 바그너, 프루스트, 발자크 그리고 만과 같은 명사들이 즐겼던 음식이 나온다. 물론 니체는 이 명단에 빠져 있다. 니체는 장에 문제가 있어 늘 식이요법을 했기 때문에 니체가 먹었을 법한 식사로는 호텔 손님들을 만족시키기 어렵다.

향수Nostalgia. 바로 그것이었다. 그랜드 호텔 발트하우스는 바로 향수 그 자체였으며, 나는 내가 점차 그 느낌에 압도되고 있음을 느꼈다. 그 평화, 아름다움, 음악 그리고 유럽의 위대한 지성들을 상기시키는 많은 물건들―내가 이것을 즐기지 못했다는 게 아니다. 오히려 나는 그러한 것들을 가슴 깊이 향유했다. 그러나 만일 여기에 꾸며진 것처럼 오래된 유럽만이 진짜 유럽이라면, 유럽은 실로 향수를 불러일으키는 추억 이외에 아무것도 아닐 것이다. 실로 유럽에 미래란 없을 것이다. 그렇다면 그 "매우 흥미로운 모임"은 어떤 유럽을 꿈꾼 것일까? 나는 자문했다.

내가 아침식사 식당에서 만난 사람들은 약 30명 정도

되었다. 대부분은 나이가 지긋한 숙녀, 신사들이었지만 슈트에 타이를 맨 네 명의 젊은 남성도 눈에 띄었다. 이 무리는 전체적으로 21세기라기보다는 20세기 초반을 사는 사람들 같은 인상을 풍겼다. 그들은 8시쯤이면 제정시대풍의 샹들리에와 오크나무 테이블, 푸른 소파가 있는 블루 살롱으로 가기 때문에 일찍 저녁식사를 한다.

저녁에 나는 마음을 끄는 주제의 모임에 참석 문의를 했고—물론 오십시오, 환영합니다—여기서 본 적이 있는 투숙객이 기조 강연을 했다. 이 호텔에서 보긴 했지만 앞서 언급한 무리와 어울리지 않고 항상 자기 전용 테이블에 앉았던 멋진 사람이었다. 내가 인사하고 자기소개를 하자 그가 명함을 건넸는데, 거기에는 "교수이자 박사학위가 두 개 있는 고등판무관 A. M. 버멜"이라고 적혀 있었다. 그가 입은 검은 슈트와 흰 옷깃으로 미루어 판단해보건대, 이 교수님은 학계뿐 아니라 가톨릭 교회에도 봉사하고 계신 듯했다. 이 박식한 사제는 늘씬한 자태와 밝고 푸른 눈, 작고 잘생긴 얼굴 때문에 젊어 보였지만, 희끗한 머리로 볼 때 예순을 넘기지 않았을까 싶었다.

알고 보니 이분이 꿈꾸는 유럽이란 회귀에 지나지 않는 것이었다. 그것도, 중세시대로의……! 그는 흔히 알려진 바와 달리 중세시대는 암흑기가 아니라 빛의 시대였으

이 시대와 맞서 싸우기 위해

며, 우리 역사의 휴지기가 아니라 정점이라고 이야기했다. 중세에 기독교 국가라는 형태로 통합된 유럽이 존재했다는 것이다. 연사가 자주 인용하는 노발리스의 메아리가 그 뒤를 이었다. 노발리스는 1799년에 이렇게 썼다. "그 시대는 아름답고 영광스런 시절이었다. 유럽이 기독교도의 땅이었던 시절, 하나의 기독교가 이 문명화한 대륙에 깃들어 있던 시절, 그리고 하나의 공동의 관심사가 이 방대한 영적 제국의 가장 멀리 떨어진 지방까지 연결하던 그 시절." 노발리스가 소위 모교회의 축복을 심히 편향적으로 묘사하여 과거를 호출했듯이, 이 교회의 사도께서는 주저 없이 자신의 교회와 신앙을 찬양했다. 마치 모든 유럽인이 교회로 돌아갈 길을 찾은 후에야 비로소 통합된 유럽이 가능하다는 듯했다. 여기저기서 많은 사람들이 동의하는 양 고개를 끄덕이는 것을 보니, 그의 주장이 비옥한 토양에 잘 내려앉은 듯했다.

강연자가 "최근 유대인들에게서 찾아볼 수 있는 기독교 혐오 조장"을 주제로 이야기하기 시작하면서 강의가 눈에 띄게 방향을 틀었다. 그는 "신약에 나타난 반유대교 사상 anti-Judaism의 오해에 기초한 반유대인주의anti-Semitism는 애석하지만 수많은 교회의 아들들이 저지른 죄악이다. 하지만 교회가 그 일을 회개하는 모습을 보여주었으니, 이제 유대교 쪽에서 기독교를 용서하고 화해할 차례다"라는 해석을 소개했다. 게다가 이 신심 깊은 교수님께서는 아우슈비츠 이후로 신은 죽었다고 생각하는 것도 잘못이라고 말했다. 신은 그 지옥에도 계셨으니, 수감자들과 함께 갇혀 있었다는 것이다. 요는, 대학살[쇼아]은 영광된 땅 유럽에서 기독교 국가의 재건을 회의하거나, 기독교를 중세에 그랬던 것처럼 유럽 대륙을 통합시킬 힘으로 삼기를 거부할 명분이 될 수 없다는 말이었다.

강연자는 연설을 마치고 쏟아지는 따뜻한 박수에 상냥한 웃음을 지어 보였다. 신선한 공기가 간절했던 나는 다행히 뒤쪽 문 가까이 앉아 있었던 덕에 재빨리 살금살금 빠져나왔다. 청명한 가을날 저녁이었고, 나는 고요한 계곡 위 하늘에서 개밥바라기와 카시오페이아 자리의 다섯 별을 찾아냈다. 발트하우스를 둘러싼 숲을 산책하면서 나는 마을에서 라레뜨 빌라라고 부르는, 높은 곳에 있는 별장으로 향했다. 이곳은 한때 오토 프랑크[안네 프랑크의 아버지]의 프랑스 사촌 올가 스피처가 살던 집이다. 1935년과 1936년에 당시 예닐곱 살이던 안네 프랑크가 이곳에서 휴가를 보낸 적이 있다. 안네가 자주 같이 놀던 한 살 아래의 실스마리아 아이인 토스카 네트는 2015년 현재 여전히 생존해 있으며, 아직도 안네가 선물한 작은 꽃병을 가지고 있다. 토스카는 1937년 스위스의 꼬마 친구와 헤어지며 안네가 남긴 말을 잊지 못한다. "이 꽃병을 너에게 줄게. 소중히 간직해줘, 그러면 넌 항상 날 생각하고 우린 영원히 친구일 테니까. 나를 잊지 말아줘!"

나는 그 박식한 교회의 종복께서 도대체 무엇을 배워왔는지 궁금했다. 그가 내세운 논증 과정은 그의 어리석음과 얕은 식견을 꼭 같은 정도로 드러낼 뿐이었다. 그가 한 강연에는 진정한 역사 인식이 부재했으며, 그의 신학은 동료 성직자들이 쏟아내는 종교적 허튼소리를 떠오르게 하는 후진 것이었다. 고통과 눈물이 천국으로 인도할 것이라거나 미래에 신과 합일을 이룰 것이라는 거짓 약속으로 얼버무리고 포장한다 해도, 단 한 명의 무고한 어린이가 받는 고통과 고문에 아파하는 이반 카라마조프(《카라마조프 가의 형제들》의 주인공)의 진심 어린 호소, 그 정의를 갈구하는 외침보다 진정하고 진실하며 자비로운 것이 있겠는가. "조화를 위해 치러야 할 대가가 지나치게 크다. 우리는 천국에 가자고 그렇게 많은 비용을 지불할 처지가 아니다. 그래서 내가 천국 입장권을 반납하려고 서두르는 것이고, 내가 정직한 인간이라면 최대한 빨리 반납할 의무가 있다. 그래서 나는 지금 그렇게 하겠다." 이반은 수사修士인 그의 형제에게 이렇게 말했다. "나는 신을 받아들이지 못하는 게 아니다, 알료샤. 최대한 공손하게 그에게 천국 입장권을 반납할 뿐이지."

나는 내가 분노했음을 깨달았다. 그 학자연하는 헛소리를 한 시간 동안이나 강제로 듣게 된 것이 화가 났다. 이 신심 깊은 헛소리는 책상물림 학자, 얄팍한 미美에 집착하여 진리를 인식하지 못하고 사회적 현실을 외면하는 종류의 탐미주의자가 만들어낸 것이 아닐까 하고 생각했다. 그러나 유럽 문명, 에우로페의 귀환은 우리 사회질서의 기반으로서의 진리와 정의, 언제나 유럽의 본질적인 의미를 규정하는 특징이었던 인문주의 없이는 불가능하다. 그 검은 옷차림의 학자께서 콧소리로 역사의 "정점"이라고 말씀하셨던 중세에는 진실도, 정의도 그리고 인문주의도 전혀 널리 퍼져 있지 않았다. 유럽 문명의 미래를 위한 전제 조건은 그의 모교회가 중세에 누렸던 권위를 회복하는 것이라는 주장은 카프카의 《심판》에 등장하는, K와 성당에서 만났던 신부가 했던 발언과 동일하다. "모든 것이 진실이라고 생각해서는 안되고, 단지 필연적이라고 생각해야만 합니다." K는 여기에 적절한 대답을 한다. "거짓이 세계의 질서가 되는군요."

진리는 단어의 뜻으로만 알려질 수 있다. 사랑이 무엇인지, 우정, 자유 그리고 정의 같은 단어의 뜻이 무엇인지 우리가 알지 못한다면 그 단어들이 무슨 소용이 있겠는가? 언어가 의미를 잃은 곳에는 진리가 존재할 수 없으며 거짓이

이 시대와 맞서 싸우기 위해

지배하게 된다. 학자연하는 교회의 종복께서는 인정하기는 커녕 인식하지 못하거나 혹은 인식하기 싫을 것이다. 그러니까 반유대주의, 대량학살, 죽음의 수용소, 또한 교회 내부에서 일어나는 권력 남용과 육욕의 갈망, 지배 등 "교회의 아들들"(그 강연자가 쓴 표현)이 한 행동 때문에, 많은 사람들이 **신, 기독교 국가, 신앙** 그리고 **구원** 같은 가톨릭 신앙의 단어들을 신뢰하지 않게 되어 그 단어들이 의미를 잃고 있다는 사실을 말이다. 그는 자기 신앙의 언어를 유효하게 만드는 대신 그 단어들의 무의미함을 강조하기만 했다. 그는 단어를 되살리는 일에는 관심을 두지 않았다. 그의 "신앙", 그의 〈아름답고 영광된 시절schöne glänzende zeiten〉*은 그의 마음속에서 미학으로 정당화된 것이다. 그것은 미를 향한 광신이되, 진리 없는 미를 향한 광신이다. 그것이 바로 키치다.

이러한 현상을 누구보다 잘 이해했던 사람이 시인 파울 첼란이다. 그는 루마니아의 부코비나**에서, 독일어를 쓰는 유대교 하시디즘*** 환경에서 성장했다. 나치는 처음

---

* 91쪽에서 인용된 노발리스의 글.
** 루마니아 동북부에서 우크라이나 서남부에 이르는 지역.
*** 18세기 폴란드와 우크라이나의 유대교도 사이에서 발생한 신비주의적 경향의 신앙 부흥 운동.

에 그와 그의 가족을 게토에 억류했다. 당시 첼란은 20세였다. 그로부터 얼마 지나지 않아 그는 수용소에서 강제노동을 하게 되는데, 떠나기 전에 그는 가족이 도망쳐서 숨도록, 무엇보다 그 기차*를 타면 안 된다고 온 힘을 다해 부모를 설득했다. 첼란의 가족은 그가 하는 말을 믿지 않았다. 그 후로 첼란은 다시는 가족을 만나지 못한다. 첼란은 시인이었다. 그는 자기 부모를 죽인 언어로 시를 썼다. 그토록 기만적으로 쓰이고, 선동에 동원되고, 셀 수 없는 비인간적인 짓과 파괴를 저지르는 도구가 되어버린 후에, 어떻게 그 언어(독일어)의 말들이 아직도 의미를 가질 수 있는가? 첼란은 단어의 의미가 불타버렸다고 말한다. 그는 그 단어들을 다시 진실하게 만들고 그의 부모를 파괴한 형용할 수 없는 공포를 이야기함으로써, 적어도 희생자들이 겪은 일이 잊히지 않고 명백해지도록 해야 하는 책임의 무게를 느꼈다. 1945년, 첼란은 부모님과 죽음의 수용소에서 살해당한 수백만의 다른 희생자들을 기리며 시 〈죽음의 푸가〉를 썼다. 이 작품이 아름다운 시라고 할 수 없을지는 몰라도, 모든 시어들이 진실이어서 갖는 고요한 아름다움이 있다.

---

* 수용소로 유대인을 수송하는 기차.

1959년, 첼란은 실스마리아를 찾았다. "아우슈비츠 이후 서정시를 쓰는 것은 야만적"이라고 주장한 바 있는 인물, 즉 테오도어 아도르노를 만나기 위해서였다. 아도르노는 거의 매해 그랜드 호텔 발트하우스를 찾았지만, 그해에는 첼란이 파리로 돌아가고 난 뒤에야 도착했기 때문에 둘의 만남은 성사되지 않았다. 첼란은 파리에서 〈산중 대화〉라는 흥미로운 산문을 썼는데, 이 글은 다음과 같이 시작한다. "어느 날 저녁, 해가 저물고 다른 것들도 저물 무렵……" 이 산문을 우리는 만일 아도르노와 첼란이 실스마리아에서 만났다면 어떤 대화를 나누었을지 첼란이 상상한 것으로 읽을 수 있다. 첼란은 두 유대인이 서로를 이해하려다 실패하는, 그래서 그저 수다만 떠는 상황을 묘사한다.

큰 말들이 말해질 수 없게 되었거나 의미를 잃었기에 그들은 수다를 떤다.

*

오, 사람들이여! 주의를 기울여라!O Mensch! Gib acht! 이 구절은 니체의 《차라투스트라는 이렇게 말했다》 마지막에 나오는 노래의 첫 구절로, 니체가 영원회귀의 예언자, 니힐리즘의 선지자인 차라투스트라로부터 "계시revelation"를 받았다고 주장한 장소의 바위에 영원히 각인되어 있다. 이 바위는 실스 호수 안의 조그만 체스테 반도의 끄트머리에서 찾을 수 있다. 1900년, 니체가 죽던 해에 니체의 추종자였던 두 음악가가 그곳에 니체의 〈밤의 노래〉* 구절을 새겼다.

구스타프 말러가 교향곡 3번에서 니체의 시를 표현한 설정—극히 느리고 신비스럽게Sehr langsam. Misterioso**—이 바그너가 [오페라] 〈라인의 황금〉에서 대지의 여신 에르다가 신 보탄에게 반지의 저주를 경고할 때를 묘사한 부분과 거의 같은 것은 우연이 아니다.

이는 불길한 경고의 말이다. 토마스 만은 이 경고를 보았고, 읽었고, 이해했다. 파울 첼란도 이 경고를 보고, 읽었고, 이해했다. 니체는 중요한 단어들이 의미 없어지고, 더 이상 위대하고 의미 있는 이야기를 위한 자리가 없으며, 모든 의미가 철저히 소멸하여 유럽 정신이 사라진 세계가 어떤 결과를 맞을지를 분명하게 보여주고자 책의 마지막 부분에 이 경고를 적었다.

니체가 차라투스트라의 세계에서 우리의 세계로 내리는 "새 복음"은 이러하다. 신은 죽었다. 진실은 없다. 도덕도

* 《차라투스트라는 이렇게 말했다》의 2부에 등장하는 노래.
** 말러 교향곡 3번 4악장.

이 시대와 맞서 싸우기 위해

없다. 선과 악은 존재하지 않는다. "그대는 ~하라"는 "나는 원한다"로 대체되었다. 차안此岸의 삶에 충실하라. 왜냐하면 오로지 순간만 존재하기 때문이다. 그러나 모든 것이 다시 반전될 것이다―그것이 영원회귀다. 그리고 그러므로 세상에는 어떤 목적도, 의미도, 분별도 없다. 오로지 욕망만 있을 뿐이다. 우리는 인간성을 극복해야 한다. 초인Übermensch, 슈퍼맨이 되어 파괴를 즐겨라. 모든 것이 똑같이 무의미하기 때문이다. 가치는 힘으로 대체되고, 힘이 지배하는 세상에서는 숫자가 세상을 지배하며, 가치에 대한 신뢰는 양에 대한 욕구로 대체된다.

다음 날, 근사한 가을날의 아침이 밝았다. 이른 아침 햇살에 눈 덮인 산봉우리는 눈부신 흰색으로 빛났고, 호수 표면을 어루만지는 햇빛은 마치 수만 개의 다이아몬드가 빛나는 듯했다. 황금빛 독수리는 자신이 인간 세계보다 까마득히 위에 있음을 알듯 하늘에서 천천히 활공했다. 지상에 이 실스마리아만큼 아름다운 곳은 거의 없건만, 나는 이제 이곳을 떠나야 했다. 이곳의 풍광을 충분히 즐겼다고 생각했는데, 그 생각이 실수라는 것을 깨달았다.

첼란은 "해가 저물고, 다른 것들도 저물었다"고 썼다. 다음 날이 되면, 태양은 오늘처럼 다시 빛날 것이다. 그리고 해가 질 것이고, 그렇지만 해는 영원히 다시 돌아온다. 그리고 유럽 정신은? 에우로페는 돌아오지 않을 것이다. 적어도 실스마리아와 그랜드 호텔 발트하우스로는 돌아오지 않는다. 에우로페는 속물근성, 보수주의, 탐미주의 그리고 중세를 향한 향수에 찌든 늙은 유럽으로는 돌아오지 않을 것이다.

문화는 모든 영원성과 정신적 가치를 간직하고 있다는 면에서 보수적이다. 가장 탁월한 것만이 시간에 휩쓸리지 않고 가치 있을 수 있기에, 문화는 엘리트적이기도 하다. 스스로 문화라고 뽐내지만 시간을 초월하여 정신적 가치를 표현하지 못하는 것들은 문화가 아니라 유행일 뿐이다. 그러나 문화는 순전히 보수적이거나 엘리트적이지만은 않다. 모든 문화의 정수란 진리를 발견하고 그것을 표현하기 위한 끝없는 탐색이기 때문이다. 이 진리는 절대적이고 시간을 초월하기 때문에 결국 죽고 말 운명인 개인은 그것을 좌지우지할 수 없으며, 또한 우리는 진리를 찾는 탐색에서 시간에 따라 변화한 결과 진리의 모습이 바뀌리라는 걸 언제나 대비하고 있어야 한다. 그러므로 문화는 항상 새로움에 열려 있는 것을 의미하며, 시간의 시험에 견딜 수 있는 새로운 모습을 찾아야 한다.

반면 보수주의는 너무 자주 거짓이다. 이 거짓은 세계의 질서가 되었다! 보수주의는 시간의 흐름에 따른 변화에 열린 태도를 수반하는 진리의 탐색에 집중하지 않고, 이미 존재하는 오래된 것을 양성하는 데에만 관심을 두기에 거짓이다. 자신의 이익을 방어하면서, 보수주의는 문화가 "순수 예술"로만 이루어진 적이 없으며, 진리의 탐색(철학)과 공정한 사회 건설(사회적 요구가 변화를 필요로 하기에, 여기에는 보수주의가 아닌 정치학이 필요하다) 역시 문화라는 점을 망각한다. 반지성주의 및 반동 정치와 보수주의 사이의 [실제] 거리는 보수주의자들이 우리에게 믿게 하려는 그것보다 훨씬 가깝다. 발터 벤야민과 토마스 만이 나치의 발흥을 지켜보며 잘 알게 되었듯이, 탐미주의와 야만성 사이에는 위험한 친밀성이 있다.

에우로페가 실스마리아로 돌아가지 않는다면, 어쩌면 유럽 문학사에서 명성 높은 스위스의 다른 곳, 다보스로 돌아올까? 다보스는 모든 면에서 실스마리아와 정반대다. 세계 경영계, 정치 엘리트 그리고 언론이 다보스로 몰려드는 1월에는 특히 더 그렇다.* 다보스는 역동적이고, 화제를 퍼뜨리고, 미래지향적인 곳이다. 국제정치와 기후 변화—다보스에는 이런 모든 것이 있다. 공허한 단어의 반향, 거창한

---

* 1월에 세계경제포럼이 열리기 때문이다.

소리, 소음, 돈과 기술을 향한 집착, 큰 숫자에 대한 우상 숭배—차라투스트라의 예언!—도 있다. 지적 공동空洞, 문화적 문맹성도 있다. 아니, 다보스야말로 유럽 정신이 지금도 앞으로도 환영받지 못할 곳이다.

내 방 발코니에서 눈부신 가을날 실스마리아의 장관을 내려다보고 있자니, 문득 폴 발레리와 조지 스타이너가 옳았을지도 모른다는 생각이 들었다. 유럽 문명의 시대는 지나갔다. 문화의 태양은 이미 졌고 다시는 떠오르지 않을 것이다. 나는 반쯤 챙기다 만 짐 가방과 아직 책상 위에 쌓여 있는 책 더미를 바라보았다. 그러자 머릿속에서 릴케의 시 한 편이 들렸다.

가을날

주여, 때가 왔습니다. 지난여름은 참으로 위대했습니다.
당신의 그림자를 해시계 위에 얹으시고
들녘엔 바람을 풀어놓아 주소서.

마지막 과일들이 무르익도록 명해주소서
이틀만 더 남국의 날을 베푸시어

　　　　　　　　　이 시대와 맞서 싸우기 위해

과일들의 완성을 재촉하시고, 짙은 포도주에는
마지막 단맛이 스미게 하소서.

지금 집이 없는 사람은 이제 집을 짓지 않습니다.
지금 혼자인 사람은 그렇게 오래 남아
깨어서 책을 읽고, 긴 편지를 쓸 것이며
낙엽이 흩날리는 날에는 가로수들 사이로
이리저리 불안스레 헤맬 것입니다.

II. 일기

시간이 있으니, 저지대*로 돌아가기보다 다른 호텔로
옮기기로 마음먹었다. 그랜드 호텔 발트하우스보다 더 집
처럼 편안한, 에우로페의 귀환 가능성 혹은 불가능성과 유
럽 문명의 이상이 맞을 미래에 관해 "긴 편지"를 쓸 수 있는
곳 말이다.

---

* 여기서 '저지대'는 네덜란드를 가리킨다. 네덜란드는 국토 전체가 평평
한 편이며, 해수면보다 낮은 지대도 많다. 네덜란드라는 국명 역시 '낮은
땅', '낮은 나라'라는 뜻을 지닌 용어에서 기원했다.

그 다른 호텔은 슐로스 발데제로, 지리적으로는 그랜드 호텔 발트하우스에서 동북쪽으로 200킬로미터만 올라가면 되며, 역사적으로는 두 호텔 모두 같은 시기인 20세기 초반에 문을 열었다. 그러나 공간적으로나 시간적으로 서로 근접해 있음에도, 발데제와 발트하우스는 서로 매우 다른 세계다. 발트하우스는 항상 예술가, 작가 그리고 철학자들이 머물고 싶어 하는 국제적이고 코즈모폴리턴한 장소였다. 반면 발데제는 일종의 속세 수도원에 좀 더 가까운 곳으로, 예전에는 독일의 엘리트 학자나 옛 독일 귀족들이 찾던 장소다.

나는 현재 호텔 오너인 볼프강 발데제Wolfgang Waldersee에게서 그의 이름에 얽힌 흥미로운 역사를 들은 적이 있다. 그 이야기를 들으면 그가 백작 칭호를 절대 사용하지 않는 이유, 귀족의 잔재인 폰von을 버리고 할아버지 요하네스Johannes의 성씨 대신 할머니의 성을 쓰기로 선택한 이유를 알 수 있다.

독자들에게 솔직하려면 사실 이 호텔은 볼프강의 할아버지가 지은 이름을 아직도 유지하고 있으며, 볼프강이 많은 이유로, 또 간절히 그 이름을 바꾸기를 원하지만 그럴 수 없다는 사실을 일러두어야겠다. 내가 아래에 설명할 이유로 인해, 우리는 볼프강의 친구들이 그에 대한 존경심에서

이 시대와 맞서 싸우기 위해

관례적으로 그러듯이, 볼프강이 바꾸고 싶어 하는 이름인 발데제로 이 호텔을 계속 불러야겠다.

그 이름, 발데제 가족 그리고 호텔은 독일적 영혼과 유럽 정신이 치명적으로 충돌했던 이야기에 함께 얽혀 있다. 이런 측면에서 슐로스 발데제가 독일 남부, "마의 산 지역"의 중심부에 있는 것은 제법 어울린다. 이곳에서 토마스 만은 1933년보다 몇 해 전에* 경이로운 소설《마의 산》을 집필했다. 이곳은 또한 독일적 영혼이 유럽 정신을 오만하게 거부할 때 어떻게 천사에서 악마로 변하는지를 그린, 자전적 서사가 많은 부분을 차지하는 흥미진진한 소설《파우스트 박사》의 배경이기도 하다.

슐로스 발데제 이야기는 할아버지 요하네스로부터 시작한다. 요하네스는 명석한 프로테스탄트 신학자로, 책을 쓰려고 했으며 그의 집인 슐로스, 그러니까 그의 성을 사람들이 "창조의 숨결과 함께" 단합할 수 있는 장소로 사용함으로써 세계를 복음화하길 원했다. 이 비전秘傳적 이상은 실제로는 사람들이 스스로의 자아를 지우고, 자기 자신에 대해서 더 이상 생각하지 말고, 그 대신 위대한 전체, 신의 공

---

* 1933년은 히틀러가 독일 총리로 취임한 해이다.

동체에 흡수되어야 한다는 신앙에까지 이르렀다. 볼프강에 따르면, 그것이 19세기와 20세기 앞 절반까지 이어지는 문화적 프로테스탄트주의의 특징이었다. "나 개인은 아무것도 아니다, 민족이 전부다 Ich bin nichts, das Volk ist alles."✿

발데제에서 이 사상은 합창, 합동 댄스 그리고 공동 음악 감상이라는 상당히 순수한 형태로 실행되었다. 그러나 그 사회적 함의는 그렇게 순수하지 않았다. 발데제의 구성원들은 신이 내려주신 사회질서에 순응해야 했고, 비판적이거나 물질주의적이어서는 안 되었다. 유대인들은 천성이 독단적이고, 자신을 과신하며, 지나치게 불순응적이고, 물질만능주의라는 이유로 학계에서 제외되었다. 볼프강에 따르면, 독일 개신교 엘리트 가운데 1933년부터 일찌감치 나치당에 가입한 이가 70퍼센트에 달했던 이유 중 하나로 이러한 문화적 프로테스탄트주의를 들 수 있다. 볼프강의 할아버지는 반유대주의자라기보다 오히려 친유대주의자였으며 나치당에 가입한 적도 없었다. 그럼에도 이 경건한 분께서는 하나님께서 히틀러 총통을 찾아내신 것이고 그러므

✿ "너는 아무것도 아니다, 너의 민족이 전부다 Du bist nichts; dein Volk ist alles" 라는 나치의 유명한 슬로건 중 하나로, 장애인과 유대인 등 소수자를 탄압하는 구실로 사용되었다.

로 모두 총통을 따라야 한다고 생각했다. 내적 자아만 함양하며 사회정치적 현실은 최대한 무시하고, 순종하며, 합법적 권위자가 규정한 사회적 이익에 순응하는 것, 그러면서 독일 민족과 독일 **문화**Kultur가 도덕적, 문화적으로 우월하다는 확고한 믿음을 가지는 것의 조합은 마치 마법의 묘약처럼 수백만 명을 도취시키고 중독시켜 나치의 전체주의를 따르도록 만들었다.

볼프강에게 이 이야기를 듣자니 토마스 만의 인생 이야기가 떠올랐다. 1차대전 이전까지 만은 이런 전형적 바그너주의자의 세계관을 공유했다. 그러나 전후의 폭력과 처참한 반동 정치에 맞닥뜨린 만은 잊을 수 없는 교훈을 얻는다. 문화와 정치는 서로 분리될 수 없으며, 진리를 찾고 정의를 추구하지 않는 미의 창조는 불가능하다는 것, 진리와 정의가 부재하는 미는 현혹시키는 거짓일 뿐이라는 교훈이다. 만은 1921년 5월의 어느 날 일기에 적었던 첫 문장으로 이 교훈을 요약해두었다. "독일 문화의 문제에 관한 대화. 인문주의는 독일적인 것이 아니지만 필수 불가결한 것이다." 그런 후에야 만은 유럽인이 될 수 있었고, 그런 후에야 《마의 산》이 유럽 정신을 담은 신화로 자라날 수 있었으며, 그런 후에야 만은 왜 괴테, 실러, 하이네 그리고 니체가 독일인이 아니라 유럽인이 되고자 했는지 깨달았다.

볼프강의 할아버지 요하네스에게 그런 통찰은 너무 늦게 찾아왔다. 2차대전과 함께 요하네스의 세계관도 붕괴했고, 그는 1949년에 스스로에게 완전히 실망한 채 죽었다.

1951년까지 미군은 발데제 호텔을 대학살[쇼아] 생존자들을 위한 요양소로 운영했다. 그러다가 점령군인 미군이 독일을 떠나면서 발데제 가족은 호텔의 소유권을 되찾았다. 그 이후에 일어난 일은 TV 드라마를 만들어도 될 정도다. 볼프강은 독일을 떠났고, 여러 곳을 떠돌다 미국에서 테크놀로지 분야의 일로 큰돈을 벌었다. 1990년대 후반에 호텔은 파산 위기에 처하게 되었다. 볼프강의 아버지는 온갖 실랑이와 돈 걱정에 지쳐서 아들에게 가족의 부동산을 지키고 그곳을 다시 한 번 본분대로 돌려달라고 부탁했다. 휴식의 장소, 사색의 장소, 독서의 장소 그리고 삶의 짐을 내려놓고 회복할 수 있는 장소로서 말이다. 내 생각을 덧붙이자면, 볼프강의 아버지는 아들이 독일 역사라는 부담으로부터 호텔이 회복하는 일을 돕기를 바랐을 것 같다.

볼프강은 자신이 운영하던 사업체를 팔고 발데제 호텔을 샀다. 그러고는 독일의 영혼이 아닌 다른 정신이 깃들수 있는 공간으로 만들었다. 노래와 댄스 프로그램은 사라졌고, 대신 언제라도 재즈를 들을 수 있게 되었다. 볼프강은 호텔 안에 두 군데의 도서실을 만들고, 작지만 구색을 잘 갖

이 시대와 맞서 싸우기 위해

춘 서점도 열었다. 그 모든 것 중에 볼프강에게 가장 중요한 것은 국제학술대회를 조직하기로 결심한 것이었다. 그는 줄곧 자신을 괴롭혀왔던 의문들의 답을 찾고자 했다. 왜 독일 인텔리겐차는 나치즘을 선뜻 수용했는가? 독일 유대인은 왜 특히 그토록 심각한 증오를 받았는가? 유럽 대륙에서 이슬람은 어떤 자리를 부여받을 것인가? 기술의 윤리는 무엇인가? 볼프강은 자주 미국과 이스라엘 연사들을 초대하는데, 독일의 "훌륭한 사람들의 무리"에서 아직도 반미주의와 반유대주의가 지배적이라는 그의 우려 때문이다. 그런 연유로 볼프강의 심포지엄은 독일 학계에서 무시당하지만, 그렇게 심포지엄을 험담하던 사람들도 기회만 생기면 기꺼이 참석한다.

나는 볼프강에게 호텔에 며칠 머물고 싶은데 방이 있냐고 전화로 물어보았고 "기꺼이 환영한다"는 답을 들었다. 볼프강은 내가 마침 전화를 잘 주었다며, 바로 다음 날부터 3일간 "서구에 무엇이 남았는가"라는 주제로 심포지엄이 열린다고 했다. 볼프강은 예정된 연사 중 한 명이 참석을 취소한 참인데 내가 대신 강연을 해주면 아주 멋질 거라고 말했다. 그의 목소리가 어찌나 자신감에 차 있는지, 거절은 거의 불가능할 것 같았다. 모임의 목적이 무엇인지 묻는 질문에 볼프강은 이렇게 대답했다. "팍스 아메리카나 시대는 이제 끝난 것 같다. 유럽이 헤게모니를 쥐었던 시대도 끝난 지 100년이 지났으니, 우리는 이제 서구가, 우리 사회가 아직도 세계에 기여할 수 있는 방도가 무엇인지 자문해야 한다." 다가오는 3일 동안 그는 서구에 기원을 둔 세 가지 현상을 탐구할 생각이었다. 과학, 기술, 민주주의 그리고 유럽 문화라는 분야에서 서구가 세계에 제공할 수 있는 것이 무엇인가?

나에게 맡겨진 임무는 심포지엄 두 번째 날 진행되는 토의를 맡고, 민주주의의 위치와 중요성에 관해 기조 발언을 하는 것이었다. 나는 "에우로페의 귀환"을 마음에 두고 마지막 날 유럽 문화의 중요성을 말하는 강연을 할 수 있길 바랐지만, 볼프강은 그날의 연사로 내가 전혀 모르는 체코의 어떤 교수를 이미 구해둔 상태였다. 서구 민주주의의 운명에 대해서는 나도 나만의 이런저런 생각이 있었기에 임무를 수락했다.

몇 시간 후 바이에른 알프스로 둘러싸인 계곡의 슐로스 발데제를 내려다보며, 나는 심포지엄 때문에 "자리에서 일어나, 글을 읽고, 긴 편지를 쓰"라는 릴케의 권유를 따를 시간이 별로 없다는 것을 깨달았다. 그렇지만 그 심포지엄이 나에게 무엇을 가르쳐줄지는 아무도 모르는 일이 아닌가? 사실, 볼프강이 여는 심포지엄의 주제는 내가 품은 질문과 꽤 가깝게 맞닿아 있었다.

그날 저녁, 심포지엄 참석자들을 위한 저녁 만찬이 제공되었는데 약 20명 정도가 참석했다. 거기에서 뜻밖에 볼프강 말고도 두 명의 지인을 더 만나게 되어 기뻤다. 오스트리아의 빛나는 지성 발터*가 거기 있었다. 그는 은퇴하기 전에 인스브루크에 있는 유명한 브레너 아카이브의 책임자로서, 무엇보다 《브레너》 잡지의 편집자였던 루트비히 폰 피커Ludwig von Ficker**의 유산을 맡고 있었을 뿐 아니라 루트비히 비트겐슈타인, 카를 크라우스 그리고 지금은 거의 잊힌 시인 게오르크 트라클Georg Trakl의 일부 작품도 관리했었다. 발터는 이 지성계를 누구보다 잘 알며, 그가 마음 깊이 존경하는 키에르케고어의 저작에도 박식하다.

나는 오랜 친구 조시가 거기에 있어서 또 한 번 놀랐다. 그는 예루살렘에 사는 탈무드 전문가로, 두 주 동안 휴가를 보내러 발데제에 왔다 호기심이 들어 심포지엄에 참석한다고 했다. 볼프강은 다른 두 명의 연사를 나에게 소개시켜주

✿ 롭 리멘이 오스트리아의 학자 발터 메틀라글Walter Methlagl을 언급한 것으로 추정된다. 메틀라글은 인스브루크 대학교에서 철학과 독일학을 전공했고, 1964년부터 2001까지 같은 대학교의 브레너 아카이브Brenner Archive에서 일했다.

✿✿ 1885~1919. 독일의 작가 겸 출판업자.

었다. 인도계 미국인인 샤시는 아직 마흔이 안 된 사람으로, 캘리포니아에서 일했고 과학과 기술의 중요성에 대해 연설하기로 되어 있었다. 훨씬 나이가 많은 (적어도 여든은 되어 보였다) 라딤Radim은 아까 말했던 체코 교수다. 볼프강은 라딤이 바츨라프 하벨Václav Havel*과 막역한 친구사이였다고 내게 말하고 싶어서 참을 수가 없었다. 나머지 참석자는 대체로 워싱턴 DC에 본부를 두고 대륙간 관계를 연구하는 싱크탱크인 저먼마샬펀드German Marshall Fund의 직원들이었다. 독일과 스위스의 학자들도 있었고, 유학생도 몇 있었다.

편지를 쓰는 대신, 나는 그때부터 며칠 동안 일기를 썼다. 얼마 지나지 않아, 이번 심포지엄에서 논의되는 주제가 에우로페 공주와 그 문명의 이상이라는 나의 탐색과 전적으로 관련 있다는 것이 분명해졌다. 노령의 체코 교수가 심포지엄 마지막날에 한 발언이 가장 놀라웠다. 그러나 글의 완성도를 높이고자 "서구에 무엇이 남았는가?"라는 주제로 이루어진 3일의 논의를 기록한 일기를 전부 인용하도록 하겠다.

❀ 1936~2011. 체코의 극작가이자 체코공화국의 초대 대통령.

목요일

실스마리아에서 청명한 가을날을 보내고 어제 여기 슐로스 발데제에 도착했을 때만 해도 아직 좋은 날씨였다. 오늘은 일어나자마자 성 전체가 낮고 커다랗게 깔린 먹구름으로 뒤덮여 있는 것을 보게 되어 유감이다. 근처를 걸어 다니는 소나 양 목에 걸린 방울 소리가 들리지만 회색 안개로 뒤덮여 모습을 알아볼 수는 없었다. 10시에는 모든 심포지엄 참석자가 정사각형 모양으로 배치된 도서관 테이블에 앉아 있었다.

볼프강이 환영사를 한 다음 "세계가 받은 가장 큰 선물: 과학과 기술"이라는 제목으로 샤시의 기조 강연이 있었다. 참석자 대부분, 특히 미국인들이 샤시의 30분 분량의 발표에 열렬한 반응을 보였다. 하지만 나는 실망했는데, 새롭게 알게 된 것이 없었기 때문이다. 발터는 대놓고 짜증을 내서, 내게는 그의 반응 쪽이 강의보다 훨씬 더 깊은 인상을 남겼다. 체코인은 무슨 이야기가 오가는지 듣지도 않는 듯, 완전히 멍해진 것처럼 보였다. 그는 앉아서 메모를 하면서 책을 보고 있었다. 샤시가 강연에 쏟은 열정은 굉장했지만, "과학과 기술이 **진정한** 해결책이며, 이제는 그것들이 철학과 종교를 **진정한** 지식으로 대체했다"는 그의 메시지에 어울리는 것이었다. 그는 그 "진정한 해결책"에서 성큼 더 나아가 인간성을 눈물 골짜기*로부터 구원할 완전히 새로운 종교를 제시했다. 종교의 시대는 끝났고, 이것은 전적으로 과학과 기술에 힘입은 진보다. 그가 인용한 리처드 도킨스의 말은 그 단순함만큼이나 우스꽝스러웠다. 도킨스는 "구약의 신"에 대해 "아마 모든 픽션을 통틀어 가장 불쾌한 캐릭터다. 질투심이 강하고 그 사실을 오만하게 자랑한다. 옹졸하고, 부당하고, 자비 없는 통제광이다. 징벌을 내리며, 피에 굶주린 인종 청소자, 여성과 성소수자를 혐오하고, 인종차별적이고, 영아 살해와 대량학살을 자행한 자에 아버지가 자식을 살해하게 하고, 역병을 일으키며, 과대망상에 빠져 있고, 사도 마조히즘적이며 변덕스럽고 악의적으로 인간을 괴롭히는 자"라고 묘사한 적이 있다.

"유대교와 기독교가 서구보다는 그들이 근원을 둔 동방에 더 속해 있다"는 것이 결코 우연이 아니라는 샤시의 주장은 터무니없었다. 그래도 계몽주의 시대에 과학과 과학에 힘입은 기술이 서구에서 결실을 맺은 정도를 설명할 때

---

* 시편 84장 6절에 나오는 표현이다. "주께 힘을 얻고 그 마음에 시온의 대로가 있는 자는 복이 있나이다/ 그들이 눈물 골짜기로 지나갈 때에 그 곳에 많은 샘이 있을 것이며 이른 비가 복을 채워 주나이다." '눈물 골짜기'는 '바카 골짜기'로 번역되기도 하며, 죽어야만 벗어날 수 있는 인생 전반의 근원적 고난과 고뇌를 뜻하는 관용구로 쓰인다.

　이 시대와 맞서 싸우기 위해

는 옳았다. 계몽주의 시대 이래로 세상의 모든 좋은 것은 이 특정한 발전에 기인한다. 야만성으로의 회귀는 모두 다 종교와 비합리적 정서의 결과다.

여기서 발터가 끼어들어 기술 세계가 산업적 대량학살(쇼아)과 정말로 무관하다고 생각하는지 샤시에게 물었다. 샤시는 기술과 과학은 그 사용처에 대해서는 책임질 것이 없다고 침착하게 답했다. 그러나 곧 그는 자신이 앞서 한 말에 모순되는 발언을 했다. 알고 보니 샤시는 **급격한** exponential(레이 커즈와일Ray Kurzweil의 추종자들이 마법적 힘을 나타낼 때 사용하는 단어) 기술 발전이 IT와 인류의 융합을 가능케 할 것이라고 깊이 확신하는 기술 전도사 커즈와일의 열렬한 지지자였다. 커즈와일과 그 패거리들 생각에는 기술이 신체를 점령할 것이기 때문에, 그리 멀지 않은 미래에 인간이—혹은 인간-기계라고 불릴지도 모르는 융합물을 창조하여—모든 것을 더 빨리, 잘 처리할 수 있도록 만들어지는 것은 물론 불멸하도록 만들어질 수 있다고 한다.

발터는 조롱조로 "나는 초인Über·mensch을 찬양합니다"라고 말했다.

샤시는 진지하게 "네, 나는 당신에게 복음을 선포해드린 겁니다"라고 말했다.

어떤 사람이 그런 것 때문에 인간성이 여러 로봇의 집

합체로 변하지는 않을지 질문하자 샤시는 이렇게 대답했다. "그렇지 않습니다. 로봇은 인간의 성질을 가진 기계지만, **특이점에 달한 인간**singular man, 즉 인간과 기술의 완벽한 융합은 여전히 인간이되 로봇의 성질을 갖고 있는 것뿐이니까요."

그 둘의 차이점을 설명하는 대신—그 부분은 기억나지 않는다—샤시는 위협적으로 "우리는 이것이 미래이고, 이런 기술 발전이 일어나고 있으며, 여러분은 물론 그 누구도 그런 발전을 막을 수 없다는 사실에 그저 적응해야 할 뿐입니다. 이것이 새로운 세계입니다"라고 덧붙였다.

그러자 발터는 "**멋진** 신세계*가 온다는 말씀이죠"라고 말했지만 샤시는 대답하지 않았다.

나는 이 모든 것에 짜증이 났다. 처음에 궁극적 야만**의 문제에서는 과학과 기술의 책임이 면제되더니, 이제 갑자기 벗어날 방법이 전혀 없는 자연의 법칙과 기술적 가능성이 동등한 지위를 얻었다. 이는 인간 존재의 핵심을 인식하지 못했거나, 혹은 최소한 유럽 인문주의대로 인류를 이

✿ 올더스 헉슬리가 쓴 디스토피아 소설 《멋진 신세계Brave New World》(1932)를 겨냥한 듯하다.
✿✿ 나치의 유대인 대학살(쇼아)를 뜻한다.

해하는 데 실패한 것이다. 인간성이란 **자유로움**free이다. 우리는 선택을 할 수 있다. 바로 이것이 도덕성을 가진다는 것, 선악을 구분한다는 것의 핵심이다. 인간의 본성에 공격성이 많이 포함되어 있고 우리 모두 살인, 약탈, 강간을 저지를 수 있다는 사실은 우리가 그런 공격성을 수용해야 하고, 그저 거기에 익숙해지기만 하면 되며, 그것이 세상의 이치이고, 우리는 그런 사실에서 벗어날 수 없음을 뜻하지 않는다. 문명은 다른 무엇보다도 '안 돼'라고 말할 수 있는 인간의 능력이며, 내 생각에 우리는 인간 복제와 특이점에 달한 인간이라는 형태를 취한 그 공포스러운 인간-기계에 대고 '안 돼'라고 말할 수 있다. 기술 전도사들이 자기들이 인간성에 일종의 영원한 '진보'를 가져온다고 뽐내면서도, 윤리적 질문이 제기되자마자 강한 결정론과 숙명론에 빠지는 행태는 아직도 놀랍다.

샤시의 복음은 아직 끝나지 않았다. 세상의 모든 문제는 똑똑하고, 혁신적이고, 기업가 정신이 넘치는 무언가가, 아니면 어떤 스타트업이 해결해줄 것이다. 50년이 넘도록 유럽은 새롭고 혁신적인 사상에 정말로 하나도 기여하지 못했다고 샤시는 거의 비웃듯이 말했다. 지금 세상을 바꿔내고 있는 모든 것은 서구의 서쪽, 즉 캘리포니아에서 나왔다. 그곳이 새 문명의 요람인 것이다. 왜냐고? "우리는 낙관적이고, 뭐든 **고치는** 방법을 압니다."

볼프강이 샤시의 "진정으로 영감을 주는 발표"에 감사한다고 말했던 건 진심이라고 나는 믿는다. 그 점에서 볼프강은 약간 분열된 영혼이다. 유럽 문화를 향한 그의 사랑은 크고 진실하지만, 동시에 그는 샤시의 미래 비전에 완전히 사로잡혔다. 그 비전에서 나는 기술로 구현되는 "멋진 신세계"밖에 볼 수 없었지만 말이다.

나는 발터가 어떻게 반응할지에 관심을 기울였다. 샤시의 강연이 진행되는 동안 발터는 바쁘게 무언가를 적고 있었는데, 그의 몸짓 언어로 미루어보건대 발터는 말로 주고받는 복싱 경기를 고대하고 있었다. 강한 독일어 억양으로 그는 [영어로] 이렇게 말했다. "서구는, 그리고 무엇보다 우리 유럽인은 세계에 과학과 기술을 주었습니다. 더 오래된 선물은 철학이지요. 뭐, 철학은 아무것도 고칠 수 없습니다만."—발터는 '**고치다**'라는 단어가 입에 나쁜 맛이라도 남기는 것처럼 발음했다—"그렇지만 철학은 우리에게 통찰을 줄 수 있지요. 비트겐슈타인이, 그는 철학자이자 공학자이면서 건축가였습니다만, 그가 《논리-철학 논고》 끝부분에 '가능한 모든 과학적 질문에 대답을 찾은 뒤에도 인생의 문제는 전혀 손대지 못한 채 남아있을 것이다'라고 쓴 구절에서 우리에게 던지는 통찰 같은 것 말입니다. 비트겐슈

이 시대와 맞서 싸우기 위해

타인이 우리에게 무엇을 알려주려고 했는지를 숙고해주시길 바랍니다."

발터는 잠시 동안 아무 말도 하지 않았고, 그래서 좌중은 모두 비트겐슈타인의 주장을 숙고해야 했다. 그리고 발터는 계속 말했다. "캘리포니아에 있는 우리 젊은 친구들이 무엇을 고칠 수 있고 무엇을 고칠 수 없는지는 제가 전혀 모릅니다만, 이 새로운 사상가들보다 약간 더 나이를 먹었고 아마 조금은 더 경험이 많은 입장에서, 저는 과학이나 기술이 삶의 심대한 질문인 비극, 고통, 진정한 행복 그리고 우리 삶의 의미를 앞으로도 결코 고칠 수 없을 거라고 감히 주장해보겠습니다. 비트겐슈타인이 옳습니다. 과학과 삶의 수수께끼는 전혀 다른 영역입니다. 물론 과학과 기술은 인상적이고, 매우 담대한 정신의 결실이며 많은 점에서 인간성에 내린 축복입니다. 의과학이 아니었으면 나이든 제가 이 자리에 앉아 있을 수도 없었겠지요. 그러나 과학적 사고가 우리에게 판도라의 상자를 가져다주었다는 것도 이해해야만 합니다. 저는 기술로 인해 일어날 수 있는 파괴를 두고 말하는 게 아닙니다. 기술 이야기를 하는 게 아닙니다. 더 근본적인 것, 우리가 알아차리지 못하는 사이에 우리 삶과 세계를 훨씬 더 침식하는 무언가를 말하는 겁니다."

발터는 다시 말을 멈추고 좌중을 돌아보며 이젠 식어

버렸을 커피를 한 모금 마셨다. 모두가 조용했다. 웬일인지 샤시와는 전혀 다른 차분한 목소리로 말하는 발터가 이 주제에서 샤시보다 더 깊은 인상을 남기고 있었다.

발터는 거의 속삭이듯 작은 목소리로 계속 말했다. "과학은 우리에게서 진리를 앗아갔습니다."

미심쩍은 시선이 발터에게 쏟아지고, 샤시는 참지 못하고 웃음을 터뜨렸다. 샤시가 무슨 생각을 하는지 들리는 것만 같았다. **'그럴 줄 알았다! 어리석은 늙은이 같으니라구.'**

그리고 발터가 다시 말했다. "웃으시는군요. 전 이해합니다, 완전히 잘 이해하고 있어요. 제 말이 미친 소리처럼 들리겠지요. 과학, 우리가 진리를 알 수 있기만을 바라고, 그렇게 해서 진리 이외에 다른 무엇도 존재할 수 없게 하는 과학—어떻게 과학이 우리에게서 진리를 빼앗는단 말입니까?! 그렇지만 그게 사실입니다. 비트겐슈타인이 우리에게 이해시키려고 한 통찰이 바로 그겁니다. 비록 불운하게도 소수만이 이해했지만 말이죠."

"강연을 들으신 참이니 또 다른 연설을 하고 싶지는 않습니다. 그렇지만, 미안하지만 양해해주세요, 이건 중요한 문제거든요. 과학적 진리는 우리가 직접 보고, 만지고, 계산할 수 있는 실재, 사실fact 그 이상이 결코 될 수 없습니다. 그

이 시대와 맞서 싸우기 위해

것은 이성reason, 합리성이지만 이성은 가치를 결정할 수 없으며 그 자체만으로는 아무런 의미가 없습니다. 이성은 기술할 수 있고 사실을 알려줄 수 있지만, 그 사실에 담긴 도덕적 의의가 무엇인지는 우리에게 말해줄 수 없습니다. 이성은 선과 악이 무엇인지 모르니까요."

"과학은 우리가 **자연**nature을 알 수 있도록 해주며, 이는 과학의 가장 큰 선물입니다. 그러나 과학은 우리에게 **정신**spirit을 알려주지 못합니다. 과학은 가설과 정의定義로 작동하지만, 인간의 정신은 가설과 정의로 파악할 수 없으며, 우리의 도덕적 질서, 무엇이 정의正義로운 사회이고 무엇이 아닌지를 판별하는 인식 또한 그런 것으로는 파악할 수 없습니다. 그런 지식은 다른 차원의 진리에 속하는 것이고, 이 진실은 **형이상**학적metaphysical 진리이므로 과학이 알 수 없는 것입니다. 어쩌면 다른 종류의, 더 고차원적인 진리가 존재한다는 사실로부터 유발된 질투일까요, 과학은 그런 진리를 우리에게서 빼앗으려고, 우리가 그런 진리를 잊게 하려고, 존재하는 모든 것은 과학적이며, 과학적이어야 하고, 그렇지 않은 것은 중요하지 않다고 믿게 하려고 해왔습니다."

"거짓말입니다, 신사 숙녀 여러분. 아주 심한, 위험한 거짓말이죠. 불행하게도 우리 모두가 믿게 되었고 굴복해버린 거짓말입니다. 우리에겐 오로지 사실만이 중요합니다. 우리는 데이터, 정보와 사랑에 빠졌고, 더 이상 진실한 의미를 모르기 때문에 우리가 아직도 인식할 수 있는 유일한 가치는 경제적 가치입니다. 이건 값을 얼마나 매길 수 있나? 이걸 팔면 얼마를 벌 수 있나? 그렇게 모든 것은 유용해야 하고, 도구가 되고, 우리는 '그걸 이용해 무언가를 할 수 있어야' 합니다. 안 그러면 그건 우리에게 쓸모가 없으니까요."

"과학은 이데올로기, 사상, 망상이 되었으며 우리는 그 안에 갇혔습니다. 이 세계에는 오로지 물질적인 것만 존재하고, 모든 것이 돈이 되고, 모든 것을 계산할 수 있고, 숫자로 환원할 수 있으니 우리는 갇힌 겁니다. 이해하십니까? 그 결과를, 형이상학적 실재가 사라지면서 우리가 모든 질적 가치를 잃었다는 사실을, 삶의 가치를 상실했다는 사실을 이해하십니까? 질적 가치란 정신적 가치, 즉 우리가 더 이상 인식할 수 없는, 더 이상 인식하고자 소망할 수도 없는 것의 표현이기 때문입니다."

"세계는, 미래는, 방금 우리가 들었듯이 '급격exponential' 해지고 있습니다. 기술적 발전, 데이터—이런 것들은 급격하게 증가할 것이고 세계를 바꿔놓을 것입니다. 그건 분명하죠. 그러나 급-격-하게 증가할 또 다른 것이 뭔지 아십니까? 어리석음입니다! 과학은 우리에게 지식을 제공하지만, 자기 인식은 조금도 제공하지 않습니다. 파스칼이 옳았

이 시대와 맞서 싸우기 위해

습니다. 참, 그가 수학자라는 걸 잊지 마십시오. 'Le cœur a ses raisons que la raison ne connaît point', 즉 '마음은 이성으로 이해할 수 없는 분별력을 지니고 있다'. 새로운 지식은 과학적 지식에 힘입어 모든 것을 영리하게 만들고 싶어 합니다."

"그러나 더 이상 지혜wisdom를 구하는 사람이 없으며, 과학은 결코 지혜를 찾지 못할 것입니다. 모든 고등교육은 과학적이어야 하는데, 그건 가설과 정의 그리고 증명으로 가득하다는 말입니다. 그러나 진짜 문학, 역사, 철학 그리고 신학에는 가설, 정의 혹은 증명이 없습니다. 그런 분야는 이야기story를, 인간 존재와 인간의 결점과 우리가 사람으로서 어때야 하는지 이야기를 들려줍니다. 그런 분야가 알려주는 진리는 과학적이지 않은데, 형이상학적 진리이기 때문입니다. 우리는 형이상학적 진실을 박탈당했고 더 이상 배우지 않습니다. 요즘 누가 삶을 어떻게 읽을지 가르친단 말입니까?"

"이 모든 행태는 삶에서 진정 중요하고, 삶을 살 만한 가치가 있게 만드는 모든 것들을 보지 못하게 만듭니다. 왜냐하면, 우리가 여전히 중요하게 여기는 게 무엇입니까? 효용, 특히 경제적 효용입니다. 지식에 대한 우리의 이상, 문화계, 사회적 삶이—모든 것, 모든 사람이 이 경제적 잣대로 측정됩니다. 그러므로 경제학자들은 우리 시대의 새로운 제사장이 되어, 이론과 숫자를 쓰는 신탁의 말로 무엇이 경제적 유용성이 있고 무엇이 없는지, 무엇이 존재해야 하고 무엇이 존재해선 안 되는지를 선언합니다."

"삶의 가치quality는 경제적 또는 과학적으로 증명될 수 없습니다. 경제는 오로지 수량quantity만을 인식합니다. 모든 것이 숫자이고, 큰 숫자가 작은 숫자보다 낫기에 그로 인해 사회가 어떤 결과를 맞든 경제는 계속 성장해야 합니다. 중요한 건 돈뿐입니다. '악순환', 키에르케고어는 삶의 가치가 관념에 종속되고 도덕성morality이 합리성rationality에 무너지는 것을 악순환이라고 불렀습니다. 만일 경제적 유용성이 우리 사회가 내리는 결정을 평가할 유일한 척도가 된다면 우리는 과잉excess에 휘둘리게 된다는 것을 이해하시겠습니까? 숫자가 아무리 커도 충분하지 않기 때문입니다. 그리고 오로지 그것만이 우리 사회가 지금 이토록 혼란스러운 진짜 이유입니다. 우리는 방향도 없이 헤매고, 우리 자신의 불안과 욕망에 휘둘리고 몰려다닙니다."

"이데올로기로서 과학은 우리를 어리석게 만들었을 뿐 아니라 말하지 못하게 했습니다. 우리는 더 이상 단어의 의미를 알지 못하고, 진짜 대화를 할 줄도 모르게 되었습니다. 남은 것은 수다뿐입니다. 그리고 할 말이 가장 많은 사람들이 제일 수다쟁이입니다. 정치인, 기업인, 언론인들 말이죠. 그렇지만, 맞습니다, 오늘 아침 복음이 선포되었고, 불멸의 기계-인간이 태어날 것이고, 별은 서구의 서쪽에서 반짝이고 있습니다. 그렇기는 합니다만, 불멸이지만 영혼이 없는 인간-기계가 되느니 저는 차라리 심장과 영혼을 지닌 필멸의 존재, 인간으로 살길 택하겠습니다. 과학과 기술로 가득 차버린 세상에 파묻히느니 저는 언제나 야만의 힘과 맞서 싸워서 쟁취해야 하는, 도덕적 질서가 존재하는 인문주의 문명에서 살겠습니다. 저는 과학이 주는 이 공포가 공상과학소설일 뿐이라는 희망을 가지고 있었습니다. 오늘 아침에 그렇지 않다는 것을 배워야만 했던 것이 유감스럽고, 여러분께서 이 모든 일을 진심으로, 무식하게 환영한다는 사실은 더 유감스럽습니다."

안 그래도 꽤 길고 신랄한 비판이었는데, 그 마지막 발언은 샤시의 비전에 큰 박수를 보냈던 청중 모두를 면박 주는 것과 다름이 없었다. 나는 발터가 그 마지막 발언을 하지 않았으면 더 좋았을 것이라고 생각했다. 이제는 예의상의 박수마저 치기 어렵게 되었고, 볼프강은 이 상황이 불쾌하다는 기색을 드러내고 있었다. 고통스러운 침묵을 깨기 위해 볼프강은 말했다. "음, 발터, 정말 깊이 곱씹어 생각해볼 거리를 던져주셨군요. 다행히 육신을 위한 먹을거리도 많이 준비되어 있으니, 모두 가서 점심을 드십시다!"

샤시는 발터를 쳐다보지도 않고, 한마디도 하지 않은 채 자기 물건을 챙겨서 도서실을 나갔다. 다른 사람들도 샤시의 뒤를 따라 나갔다.

샤시가 발표할 때는 멍하니 있는 것처럼 보이던 나이든 체코 교수 라딤이 발터의 말을 주의 깊게 경청하고, 다른 사람들이 나갈 때 발터에게 가서 조용히, 하지만 힘차게 악수를 하는 걸 보고 나는 놀랐다. 조시도 발터에게 다가가서 "고마워요, 발터. 당신의 말을 듣고 매우 기뻤답니다." 하고 말했다. 자기가 혼자가 아니라는 걸 확실히 알게 된 발터의 눈이 약간 촉촉해졌던 것 같다.

점심식사 후에 나는 산책을 하고 내일 강연을 준비하며 메모를 했다. 내일은 날씨가 좋아져서 햇살이 모두의 기분을 더 낫게 해주기를 바란다.

금요일

이곳은 너무나 자애롭게 고요하고 공기는 너무 맑아서 나는 푹 자고 아침 먹기 전에 짧게 산책을 하려고 일찍 일어났다. 가을 냄새가 완연했다. 자욱한 안개가 목초지를 드문드문 덮고 있었지만 산꼭대기는 벌써 맑았다. 풍부한 자연의 미美로 둘러싸인 이 장소는 무언가 별세계 같은 느낌을

준다. 속세의 소음과 추함이 차단된 것만 같다.

아침식사 식당에서 나는 볼프강을 만났는데, 그는 나에게 샤시와 발터의 어제 논쟁의 뒷이야기를 들려주었다. 샤시는 "무식하다"는 말을 들어서 (그것 때문만은 아니었던 것이 확실하지만) 모욕감을 느꼈고 사과를 요구했다. 발터는 거부했고, 샤시에게 자신의 말을 그렇게 문자 그대로 받아들이지 말라고, 또 심포지엄이 더 이상 비판적 의견 교환의 장이 될 수 없다면 우리는 차라리 교회에 가서 고분고분하게 복음 강론이나 듣는 게 낫지 않겠느냐고, 자신은 그런 것이 필요없다고 말했다. 볼프강은 발터로 하여금 샤시에게 자신의 비판은 사상적인 측면인 것이지 샤시의 인격은 전적으로 존중한다고 설명하도록 해서 겨우 사태를 진정시켰다. 그리고 볼프강은 이 "평화"를 축하하기 위해 바로 와인 한 병을 땄다.

나는 잠시 볼프강과 왜 이 심포지엄을 계속 주최하는지 이야기를 나누었다. 그가 말하기를, "권력 세계, 정치인, 기업인 등을 놓고 불평하는 건 끝없이 할 수 있지만 세상이란, 우리가 무엇을 중요하게 여기고 무엇을 믿는지는 사상계가 결정하는 것이고, 사상계에 가장 큰 영향력을 행사하는 것은 지식인들이니, 이 지식인들의 논의가 필요하고, 그러니 그들이 항상 최고로 유쾌한 벗들은 못 된다 할지라도 여기로 초대하는 것이죠." 볼프강은 웃음을 참지 못하며 말했다.

심포지엄이 흥미진진하다는 소식이 호텔 전체에 퍼진 모양이었다. 청중이 훨씬 많아져서 의자를 더 가져와야 했기 때문이다. 새로 온 사람이 너무 많아서, 나는 발터가 어제 했던 말을 인용해 민주주의의 중요성을 논하는 기조 강연을 시작했다. "우리는 척도를 잃은 시대에 살고 있고, 사회는 방향을 잃고 비합리적 공포와 욕망에 휘둘리고 있으며, 이는 모두 과학적 진리의 지배 때문입니다. 과학적 진리는 사실fact을 결정할 수 있지만, 의미meaning는 결정할 수 없죠. 과학적 진리는 수량quantity은 알지만 가치quality의 의미는 모릅니다. 그리고 우리는 형이상학적 진리를 상실했습니다."

나는 니체 또한 이것을 이해했으며 같은 결론에 도달했다고 설명했다. 보편적이고 절대적인 진리 없이는, 신이나 절대이성logos 또는 객관적 이성—아니면 무엇이든 당신이 정신적 가치의 영역을 부르고 싶은 이름으로—없이는, 무엇이 진정 가치 있는지, 정의란 무엇인지, 인간 존재를 고귀하게 만드는 것은 무엇인지를 정할 사회적 기준 역시 전혀 있을 수 없다는 것이 그 결론이다. 니체는 이 상실이 우리 문명 기반을 일소할 것이며 니힐리즘만이 남게 된다고 했다. 과잉에의 굴복이다. 우리는 더 이상 고결한 삶을 살려

이 시대와 맞서 싸우기 위해

는 야망을 품지 않고, 우리 본능의 일부인 야수성을 초월하려고 애쓰지 않는다. 대신 우리는 그 반대를 원한다. 우리는 수량을, 다수를 욕망하고 채울 수 없는 허가로 더, 더, 더를 찾는 영원한 중독 상태를 원한다.

1930년에 출판된 소설《특성 없는 남자》로 유명한 엔지니어이자 작가 로베르트 무질은 그의 다른 동시대인들과 마찬가지로, 1차대전의 종전과 함께 지적 수면 상태에서 각성했다. 그 세대 사람들은 갑자기 세계가 극적으로 바뀌었다는 것을 깨달았다. 전쟁 이전에 그들은 인문주의와 예술을 믿었다. 그들은 선악의 인식을 공유하고 있었다. 1차대전 후에, 그들은 인문주의가 사라졌음을 깨달았고 자신들이 이전에는 상상도 할 수 없었던 기술의 시대에, 세계가 앞으로 어떻게 되어야 할지 전혀 모르는 상태로 살고 있다는 것을 알게 되었다.

《특성 없는 남자》를 출판하기 전에 쓴 글에서, 무질은 "모든 시대는 자신의 지침, 존재 이유, 이론과 윤리의 균형, 신 등을 반드시 필요로 한다. 지금까지는, 실증주의empiricism의 시대는 실패했다"라고 말한다. 그는 (새로운?) 척도가 어때야 하는가를 형성하기 위해 자기 소설에서 지침을 제시하고자 했다. 그러나 소설은 미완성으로 남았다. 엔지니어 무질은 과학과 기술의 친구이자 추종자였으나, 작가로서 그는 과학과 기술이 절대 그런 잣대를 제공할 수 없음을 알고 있었다. 어떤 분들은 지금까지도 이 문제에 의견이 다를지도 모르지만—나는 샤시에게 시선을 주었지만, 그는 주위를 돌아보며 지루해하는 듯했다—어제 발터가 던진 비판은 유명한 문화심리학자 에리히 프롬이 다른 방식으로 제기한 적이 있다고 말했다.

1968년에 출간한 《희망의 혁명》에서 프롬은 이렇게 이야기했다.

소수만이 분명히 볼 수 있는 유령이 우리 가운데서 우리를 뒤쫓고 있다. 그것은 공산주의나 파시즘의 오래된 망령이 아니다. 그것은 새로운 유령이다. 물적 생산량을 최대화하고 소비에 전념하고 컴퓨터가 지배하는 완전히 기계화된 사회가 그것이다. 그리고 이 사회적 과정에서 인간 자신이 기계의 한 부품으로 전락한다. 그는 영양 상태가 좋고 여흥거리도 충분하지만 수동적이고, 활기가 없으며 감정도 별로 느끼지 못한다. 이 새로운 사회의 승리와 함께 개인주의와 사생활은 사라질 것이다. 타인을 향한 감정은 심리학적 조건화를 비롯한 다른 방법들, 아니면 새로운 종류의 내적 경험을 제공하는 약물로 조작될 것이다.

이 시대와 맞서 싸우기 위해

내가 이 구절을 읽을 때는 샤시마저 더 이상 지루해 보이지 않았다. 나는 과학과 기술 이야기는 더 이상 하고 싶지 않다는 말을 덧붙이고, 이제 다른 "지침", 2차대전 이후에 서구 세계의 지침이 된 것을 이야기해보겠다고 했다. 바로 민주주의다. 전체주의의 악몽이 지나간 후, 유럽에서는 자유란 민주주의가 작동할 때만 가능하다는 깨달음이 싹텄다. 미국인들은 일찍이 1776년에 이것을 깨달았다.* 구세계인들에게 이는 1670년에 스피노자가 자신의 《신학-정치론》에서 했던 말의 뒤늦은 메아리였다. "정부의 진정한 목적은 자유다." 스피노자가 그 글에서 세 장 뒤에 "모든 것을 법으로 규제하려는 자는 부도덕을 교화하기보다 일으킬 가능성이 더 크다"고 썼다고 말했을 때는 좀 재미있었다. 나는 불행히도 이 현명한 말이 브뤼셀**에서나 워싱턴에서나 여전히 망각되어 있다고 덧붙였다. 그러나 민주주의란 무엇인가? 그리고 민주주의는 정말로 우리의 자유로운 삶을 보장해줄까?

---

* 1776년은 미국 독립선언문이 채택된 해이다. 독립선언문은 생명, 자유 그리고 행복 추구가 모든 인간에게 천부적으로 주어진 권리이며, 정부는 이러한 권리를 확보하기 위해 성립한다고 천명한다.
** 유럽연합 본부가 위치해 있는 도시로, 흔히 '유럽의 수도'라 불린다.

참석자 대부분이 미국인과 유럽인이었으므로, 나는 유럽인인 토마스 만이 미국인 청중들에게 들려준 민주주의 강연을 인용하기로 했다. 1938년, 만은 이미 프랭클린 루스벨트 대통령의 친구이자 지지자였으며, 전미를 돌아다니며 열다섯 곳에서, 수천 명의 청중 앞에서 〈도래하는 민주주의 승리The Coming Victory of Democracy〉＊를 강연했다. 이 강연에서 만은 민주주의를 "다른 무엇보다 인간 존엄성의 감각과 의식을 중요시하는 정부와 사회의 형태"라고 정의했다.

이런 말은 큰 말들로 이루어져 있으며, 만도 이기적이고, 잔인하고, 비겁하고, 어리석은 사람들이 얼마나 옹졸할 수 있는지 잘 알고 있었다. 바로 그 이유 때문에 우리는 만이 말하는 "예술과 과학, 진리를 향한 열정, 미의 창조 그리고 정의의 이상에서 드러나는 인간성의 위대함과 고결함"을 잊지 말아야 한다. 이는 민주주의, 진정한 민주주의가 양성하는 것들로, 민주주의란 인간 존재를 고양시키려 하는, 인간이 사유하고 자유로울 수 있게 하려고 노력하는 정부 형태이기 때문이다. 민주주의의 목표는 그러므로 교육과 지적 발달, 정신의 고귀함이다. 민주주의가 대중민주주의

＊ 토마스 만의 강연 제목으로, 후일 책으로 출간되었다.

이 시대와 맞서 싸우기 위해

로 타락함에 따라 선동, 어리석음, 프로파간다, 실없는 헛소리, 천박함이 뒤따른다. 그리고 인간 본능의 가장 저급한 부분이 점점 지배력을 얻어 결국 민주주의의 사생아인 파시즘을 낳게 된다. 이러한 타락에 맞서 싸우는 가장 중요한 무기가 바로 정신의 고귀함이다.

그 후 2년이 채 지나기 전에, 만은 LA에서 "전쟁과 민주주의"라는 제목으로 강연을 하며 다음과 같은 발언을 했다고 나는 덧붙였다. "제가 여러분께 완전한 진리 하나를 말해드리죠. 만일 파시즘이 미국으로 온다면, 그것은 자유의 이름으로 올 것입니다."

이렇게 하자 심포지엄이 진짜 대화가 되고, 참석자들이 세계를 선(민주주의)과 악(민주주의가 아닌 것)으로 열심히 나누기만 하는 것이 아니라, 이 시점에서 서구 문명이 민주주의인지 아니면 대중민주주의인지를 생각해볼 수 있도록 하기 충분한 것 같았다. 그 대답은 우리가 현대의 기술 발달에 어떻게 대처할 것인지를 이해하는 데 중요할 것이다. 우리는 기술 발달을 통제하고 있는가, 아니면 기술 발달이 우리를 지배할 힘을 얻고 있는 것인가? 민주주의 사회라면 사람들이 스스로 자기 존재를 통제할 수 있을 것이다. 그러나 대중민주주의 사회에서는 이와 반대로 무엇이든 대중을 매혹시키는 것이 모든 이를 휘두른다.

나는 상당수의 미국인을 포함해 거의 대부분의 참석자가 우리가 대중민주주의 시대에 도달했으며, 우리가 한 세대 전에 상상했던 장밋빛 미래와 실제 미래가 매우 동떨어져 있을 수 있다는 의견을 가지고 있다는 점에 충격을 받았다. 지난 이틀간 슈트에 보타이 차림이던 뉴욕에서 온 변호사 로저는 자신이 한나 아렌트의 저작에 영향을 받았고, 아렌트의 사회 분석을 유념할 때 파시즘의 분명한 경향이 다시 한 번, 심지어 미합중국에서도 보인다고 말했다. 이어서 그는 샤시에게 직설적으로 말했다. "우리의 기술적 독창성이 지적 공허함과 정신적 빈곤함을 가릴 수는 없습니다, 샤시. 우리 미국의 대학은 다른 무엇보다 돈 버는 방법만을 가르치고 스스로 사유하는 법은 가르치지 않습니다. 어제 발터 씨가 한 말이 맞습니다. 우리 사회는, 특히 미국 사회는 점점 어리석어지고 있습니다. 그러니, 맞습니다. 새로운 선동가, 제노포비아, 공포 정치 그리고 내셔널리즘이 자라날 여지가 충분합니다. 그런 걸 어디에서나 볼 수 있어요. 부인할 수 없습니다."

앤드루는 미국 공화당 상원의원을 보좌했었다고 하는데, 미국의 2대 대통령 존 애덤스John Adams가 1814년에 정치철학자 존 테일러John Taylor에게 보낸 편지에 나오는 경고를 인용했다. "민주주의는 오래 지속되는 법이 없음을 유념

이 시대와 맞서 싸우기 위해

하십시오. 그것은 낭비되고, 고갈되고, 자신을 살해하고 맙니다. 자살을 저지르지 않은 민주주의는 아직까지 존재하지 않았습니다." 앤드루는 이 문구가 200년 전에 집필되었다는 사실을 상기시키고, 그 두 세기 동안 미국이 파시즘의 덫에 걸리지 않았기에 지금 지나치게 걱정할 필요는 없다고 말했다. "결국, 우리 미국인은 항상 옳은 일을 할 것입니다." 앤드루가 쾌활하게 말했다. 그 발언이 끝나고 자연스레 긴 토론이 이어졌는데, 합의된 결론은 미국 역시 파시즘으로 알려진 병균에 면역력을 가지고 있지는 않다는 것이었다. 자기를 지식 낭인이라고 소개한 스위스인 이소는 스위스와 나머지 서구 국가들도 마찬가지라고 냉소적으로 발언했다. 이소에 따르면, 여기 유럽은 역사적 교훈을 배우지 못했다. 파시즘은 새롭고 현대적인 외피로 단장하고 모든 곳에서 다시 고개를 들고 있다. 우리는 그것을 "포퓰리즘"이라는 이름으로 부름으로써 사실을 부정하고 싶어 하지만, 포퓰리즘을 놓고 더 이야기를 진행해봐야 시간 낭비일 뿐이라는 건 너무나 뻔하다.

그때 스페인에서 온 정치과학을 전공하는 학생 마리크 루즈가 언제나 나오는 질문을 던졌다. "하지만, 그렇다면 우리가 무엇을 할 수 있습니까?"

나는 그 질문을 숙고하기 전에 우리 스스로에게 다른

질문을 던져보는 것이 좋겠다고 대답했다. 2차대전 이후 영원히 사라진 줄 알았던 유령의 귀환을 저지하기 위한 행동이 왜 이토록 눈에 띄지 않는 것일까? 우리 사회에서 엘리트의 역할과 책무는 무엇일까?

나는 어제 발터가 이 주제와 관련한 아주 중요한 말을 했다고 지적했다. 우리는 **가치**quality에 대한 지각을 잃어버리고 이제 오로지 **수량**quantity만을 믿는데, 이는 니체가 "가장 큰 숫자"의 힘에 대해 쓰면서 예측했던 것과 똑같다. 나는 우리 민주주의를 어떤 엘리트가 지배하고 있느냐고 질문했다. 금융, 정치, 군사, 언론, 스포츠 엘리트다. 이는 모두 수량으로 특징지어지는 분야들이다. 가장 권력 있고, 영향력이 제일 크고, 돈이 제일 많고, 힘이 제일 세고, 상을 제일 많이 받은 사람들이 가장 중요하다. 문화계에서 엘리트라는 개념은 근본적으로 다른 의미를 지닌다. **가장 훌륭한** 예술가는 돈을 제일 많이 번 예술가나 작품을 가장 많이 판매한 예술가, 또는 관심을 제일 많이 받은 예술가와 같지 않다. 가장 훌륭한 예술가는 시간의 시험을 견뎌낼 작품을 만드는 예술가이고, 수백 년 후의 감상자에게도 말을 걸 수 있는 작품을 창조한 예술가다. 가장 훌륭한 지식인 혹은 사상가는 언론에 자주 나오거나, 신문에 기고를 많이 하거나, 여론을 주도한다고 여겨지는 사람이 아니라 세월을 견뎌내는

이 시대와 맞서 싸우기 위해

저작을 남긴 사람이다.

　문화계에서 **엘리트**는 수량이 아니라 질을 가리키는 개념이다. 진정한 지식 및 예술 엘리트들은 서구의 거의 전역에서 주변화된 반면, 권력 엘리트는 전례 없는 지배력을 소유한 지금의 상황은 현재 조장되고 있는 가치에도 반영된다. 다시 말해, 상업, 기술 그리고 키치를 완벽하게 반영하는 가치, 토마스 만이 묘사했던 "예술과 과학, 진리를 향한 열정, 미의 창조 그리고 정의의 이상에 저절로 드러나는 인간성의 위대함과 고결함"과 전혀 상관없는 가치가 조장되고 있다. 그러므로 우리는 권력 엘리트들로부터 변화를 기대해서는 안 된다. 그들의 세계관이 지금과 같은 사회 구성을 대변하기 때문에 그들이 권력을 구성하고, 또 권력을 소유하는 것이다. 만일 사회가 바뀐다면 그들은 자신의 권력을 잃는다. 권력 세계에서 남들과 다를 용기를 가지고, 자신의 이상을 품고 그에 따라 살며, 무질이 추구했던 것과 같이 더 나은 세상을 위한 지침을 형성할 수 있으며 그것을 행동으로 옮기는 사람을 찾는 경우는 소수의 예외일 뿐이다.

　권력 엘리트들이 곧 위기라는 결론이 날 수밖에 없다. 권력 엘리트는 자신의 생각과 행동을 통해서, 우리 시대의 진정한 민주주의를 불가능하게 하는 모든 가치의 현현이 된다. 그들이 나쁜 사람이라서가 아니다. 개인의 선악이 초점이 아니다. 권력 엘리트는 그저 그 이상을 알지 못하는 것이다. 그들은 자기 직업과 소속을 유지하려고 주어진 질서에 적응하며, 제대로 사유하기에는 너무 바쁘며, 자신들이 하는 행동이 최선이라고 진심으로 믿는데, 왜냐하면 그것이 자신들의 세계관에 들어맞기 때문이다. 그들이 자신의 세계관을 비판적으로 검토하는 일은 이미 오래전에 불가능해졌다. 그들이 더 이상 거울 속의 자신을 보려 하지 않기 때문이다.

그렇다면 우리는 무엇을 할 수 있을까? 토마스 만은 민주주의 강연에서 교육이야말로 민주주의의 핵심이라고 주장했다. 이는 놀라운 주장인데, 우리에게 민주주의는 자유와 참정권, 표현의 자유, 법치, 인권으로 측정되기 때문이다. 만은 민주주의를 측정하는 다른 기준들을 부인하지는 않겠지만, 교육이 훨씬 더 멀리까지 뻗어 있는 민주주의의 기둥이라고 했다. 물론, 문제는 **교육이란 무엇인가**다. 무질이 이미 알아차렸듯, 인문주의의 시대는 끝났기 때문이다. 무엇을 교육한단 말인가? 무엇이 가장 원시적인 본능에 의지해 추측할 뿐인 시장이나 권력의 척도와 다른 우리의 척도가 되어준단 말인가? 결국 "인간-기계 사회"를 선택하지 않기로 결정한다면, 우리는 어디서 우리를 품위 있고 문명화된 사회로 돌아가도록 인도해줄 지침을, 아리아드네의

실*을 찾는단 말인가?

　나는 볼프강이 나이 든 체코 교수 라딤을 초대한 이유가 단지 그가 바츨라프 하벨의 친구이기 때문이라고 생각했는데, 그는 지난 이틀간 조용히 앉아서 책을 읽고 있었으며 무언가에 집중해 있는 시간보다 멍하게 있을 때가 많았다. 그래서 라딤이 내 말에 짧게 대답했을 때는 모두가 놀랐다.

　"그 문제에 대해 제가 생각한 바가 있습니다. 그렇지만 괜찮으시다면 지금은 시가를 피우러 갔다가 내일 말씀드리지요." 라딤은 왼손에 책을 들고, 오른손에는 없으면 걸을 수 없는 지팡이를 쥐고, 기침을 하고 가쁜 숨을 쉬면서 제일 먼저 도서실을 나갔다. **'시가를 피우는 건 좋은 생각이 아니에요, 라딤. 그러다 죽는다고요'**라고 나는 생각했다.

　그날은 딱히 무언가를 더 하지 않고, 산책을 조금 하고 해를 쬐며 니체의 서한집을 읽었다. 여기서 내 할 일을 끝마쳐서 기뻤고, 라딤이 내일 무슨 말을 할지 궁금했다. 에우로페의 귀환에 대해서라면 나 역시 그리 많이 알지 못했기 때문이다. 아니, 그건 사실이 아니다. 나는 내가 히틀러 정권

───────────────────────

✽ 테세우스가 미궁에서 길을 잃지 않도록 크레타 공주 아리아드네가 준 실타래에서 유래한 표현으로, '문제 해결의 실마리'를 뜻하는 관용어로 쓰인다.

이 부상하던 시기에 만이 던졌던 질문의 답을 안다고 믿었다. "유럽적이고 고전주의적인 가치는 시간을 초월하고 보편적인 것인가, 아니면 그것은 일시적이고 인문주의의 역사에 존재하는 에피소드 중 하나일 뿐인가?" 실스마리아와 여기에서 보고 들었던 모든 것으로 미루어볼 때, 에우로페 공주는 돌아올 수 없으리라는 답만 가능한 걸까 하고 나는 두려워했다.

그렇다면 잠들지 않고, 독서를 하고 긴 편지를 써야 하리라……

토요일

볼프강은 민주주의라는 주제로 강연을 해줄 연사를 찾고 있을 때 내가 그에게 전화했던 것이 행운, 기분 좋은 우연이었다고 말했다. 정말 그랬다면, 여기서 내가 라딤을 만날 기회를 얻었던 건 그보다 더 큰 행운일 것이다. 심포지엄 마지막 날 아침에 나는 라딤에게 유럽에 관해서 그동안 내가 공부하며 배웠던 것보다 훨씬 많이 배웠다. 나는 그를 몰랐고 들어본 적도 없는데, 아마도 그 이유 중 일부는 그가 책을 단 한 권도 쓰지 않았기 때문일 것이다. 나는 그 사실을 알고 매우 놀랐다.

부끄럽게도, 겉모습 때문에 그에게서 비범함을 거의

이 시대와 맞서 싸우기 위해

기대하지 않았다는 점도 인정해야겠다. 그는 나이가 많아 움츠러들었고 등이 굽어 더욱 왜소해 보였으며, 손톱은 길고 코털이 콧구멍에서 적어도 1센티는 삐져나와 있는데다 옷은 한 달에 한 번 이하로 세탁한 것 같은 냄새가 났다. 그는 속내를 드러내지 않고 타인과 교제하려고 하지 않았으며 지난 며칠간 책 한 권을 읽으면서 혼자 있는 걸 좋아하는 듯 보였다. 투숙객 중 한 명이 라딤이 카프카를 읽고 있다는 사실에 충격을 받고 놀라서, 왜 이제야 그 유명한 동향인의 작품을 읽느냐고 물었다.* "그건 말이죠, 젊은 친구분." 하고 라딤은 친근한 목소리로 대답했다. "'이제야'가 아니라 '또다시' 읽는 중이기 때문이지요. 카프카의 작품을 읽을 때마다 나는 무언가 새로운 것을 더 배우기 때문입니다. 그리고 카프카는 아직도 다른 동포 누구보다 내게 말해줄 것이 더 많이 남아 있어요. 즐거운 산책이 되길 바라오." 그 질문을 한 사람은 더 이상 뭐라 할 말이 없어서 그냥 가던 길을 계속 걸어갔다.

우리가 내린 판단이 그저 편견에 불과한 것임을, 모든 편견이 그렇듯이 작열하는 태양에 녹아 흘러내리는 초콜릿

---

* 라딤은 체코의 학자이고, 카프카는 프라하에서 태어나 자란 체코의 작가이다.

덩어리보다 견고하지 못하다는 것을 알게 되는 경험이란 참으로 놀랍다. 라딤, 1950년대 스타일의 안경에 폐가 망가진 볼썽 사납고 왜소한 이 사람이 브뤼셀은 물론 유럽 전역의 전문가들이 모르는 것, 아마 사람들이 절대 이해하지 못할 것을 알고 있었다. 만일 사람들이 그것을 이해했다면 프라하는 통합된 유럽의 수도가 되었으리라. 브뤼셀이 통합된 유럽의 수도가 될 수 없는 이유는…… 라딤의 이야기, 진짜 유럽의 이야기는 이렇게 시작되었다. 나는 라딤의 말을 절대 잊지 않도록 들리는 그대로 받아 적었다.

지구상 모든 장소는 각기 그 정수를 간직한 중심지를 갖고 있습니다. 그 기풍을 결정하는 장소의 정신이지요. 유럽연합은 추한 만큼이나 특색도 없는 거대한 건물에 자리를 잡았는데, 게다가 그 건물이 있는 도시는 서구의 역사에서 그 어떤 주목할 만한 역할도 맡지 못했었지요. 이 사실은 자신이 유럽적이라고 주장하는 이 연합에 관해 상당히 많은 것을 말해줍니다. 출생지는 우연의 결과로 결정됩니다. 저는 그렇게 생각합니다. 그러므로 출생지는 당신의 공적이 아니고, 그런 이유로 더욱, 저의 조국이 저주받은 20세기에 겪었던 고통스러운 운명에도 불구하고 1930년에 프라하에서 태어난 저 자신이 행운아라고 생각합니다.

이 시대와 맞서 싸우기 위해

프라하에 가본 사람이라면 누구든 그곳이 유럽에서 가장 아름다운 도시 중 하나라는 걸 압니다. 문학을 사랑하는 이들에게 프라하는 카프카와 브로트Max Brod* 그리고 예젠스카Milena Jesenská**의 도시입니다. 음악인들에게 그곳은 드보르자크Antonín Leopold Dvořák와 스메타나Bedřich Smetana의 도시 그리고 모차르트의 〈돈 조반니〉가 초연된 곳이지요. 천문학자들에게 프라하는 간스David Gans의 도시이자 브라헤Tycho Brahe,*** 그리고 케플러Johannes Kepler가 연구했던 도시입니다. 유대교 신자에게 프라하는 랍비(율법학자) 뢰브****의 도시입니다. 신학자에게 그 도시는 후스Jan Hus*****의 도시이지

---

* 1884~1968. 카프카의 친구로 문인이자 극작자. 카프카의 유고를 모아 출판했으며, 카프카를 작가로 알리는 데 큰 공헌을 했다.
** 1896~1944. 체코의 저널리스트이자 작가, 번역가로, 카프카의 작품을 체코어로 번역했다.
*** 1546~1601. 덴마크의 천문학자로, 신성로마제국 수학관으로 초청받아 프라하로 이주했다.
**** 1520~1609. 유다 뢰브 벤 베자렐Judah Loew ben Bezalel. 유대 사상의 흐름에 매우 큰 영향을 미쳤다고 평가받는 16~17세기 유대신학자, 철학자, 율법학자. 미쿨로프와 프라하를 중심으로 활동했으며, 진흙으로 만든 초인 인형 골렘의 창시자로 유명하다.
***** 1372~1415. 체코의 종교개혁가로, 당대 가톨릭 교회의 부패를 비판하며 성경을 유일한 권위로 강조했다. 콘스탄트 공의회에서 이단으로 낙인찍혀 화형당했다.

요. 교육학자에게 프라하는 코메니우스Johannes Amos Comenius*
의 나라입니다. 정치과학자는 마사리크Tomáš Garrigue Masaryk**
와 제 친구 하벨을 떠올리겠지요. 몇몇 역사가는 1356년에
페트라르카Francesco Petrarca가 친구 카를 4세***를 만나러 프
라하에 갔었다는 걸 아직도 알고 있을 겁니다. 진정한 유럽
인이라면 누구나 자신의 문화사를 알 것이고, 따라서 이런
사실들에 친숙할 겁니다.

그러나 유럽인을 유럽인답게 만드는 건 이런 지식이
아닙니다. 저는 우리 시대의 소크라테스라 할 만한 어떤 사
람에게서 유럽인을 유럽인답게 만드는 것이 무엇인지 배우
는 특권을 누렸습니다. 그분은 이미 고인이 되었지만요. 살
해당했습니다. 소크라테스의 말로와 똑같지요. 그분은 소
크라테스처럼 독약 한 컵을 마시고 돌아가시진 않았지만,
공산 정권이 그가 무너질 때까지 끊임없이 심문을 하는 바

---

* 1592~1670. 체코슬로바키아의 교육 사상가이자 신학자로, 근대 교육학
의 확립에 공헌했다.
** 1850~1937. 체코슬로바키아의 초대 대통령이자 철학자, 교육학자, 언
론인.
*** 1316~1378. 신성로마제국 황제이자 보헤미아의 국왕. 1348년 프라
하에 자신의 이름을 딴 중앙유럽 최초의 대학 프라하 카렐대학교를 설립
했다.

람에 지쳐서 돌아가셨지요. 일흔이 다 된 병약한 사람에겐 고문입니다. 그는 진실을 말하고, 그의 제자들인—우리가 그의 제자라고 자칭하지 못하게 하셨겠지만—우리에게 진리를 추구하며 살라고 가르쳤기 때문에 체코슬로바키아 공산당은 그를 싫어했습니다.

그의 이름은 얀 파토츠카Jan Patočka****입니다. 여러분은 그를 모르시겠지요. 나서서 명성을 얻으려고 하지 않는 사람들의 운명이 그렇습니다. 여러분이 아시는 하벨도, 그리고 저 자신도 그분에게 배웠습니다. 권력을 쥔 자들이 그분이 대학 강단에서 가르치지 못하게 했기 때문에 우리는, 지금 여기 계신 여러분들처럼 다락방에 모이곤 했습니다. 우리는 모여서 설탕을 잔뜩 넣은 차를 마시고(설탕이 있다면 말이지요) 파토츠카의 가르침을 들었습니다. 그분에게는 책도, 교재도 없었습니다. 그분은 그저 우리에게 자신이 아는 것, 자신이 이해하게 된 것, 유럽인이 되려면 우리가 무엇을 반드시 알아야 하고 이해하려고 애써야 하는 지를 말해주셨습니다.

1977년 3월 13일에 파토츠카가 타계한 후 바츨라프가

**** 1907~1977. 현상학과 역사철학 분야에서 활약한 체코의 철학자로, 후설과 하이데거의 마지막 제자 중 한 명으로 알려져 있다.

쓴 글이 있는데, 정말 옳은 말이라 생각되어 여기서 인용해 보겠습니다. "파토츠카의 힘은 엄청난 박식함과 사고력뿐만 아니라 열린 마음과 겸손함, 유머에도 깃들어 있었다. 그의 다락방 모임 덕분에 우리는 철학이 진정 무엇인지를, 철학이란 말의 본뜻을 체득할 수 있었다. 철학은 교실 안의 지루한 탁상공론이 아니라, 존재thing의 의미를 찾는 영감 가득하고 활기찬 탐색이며 세계에서 자신의 상황을 이해하게 하는 빛이다." 바츨라프가 아름답게 표현해냈지요. 그는 정말 풍부한 내용을 아주 잘 표현할 수 있었습니다. 파토츠카가 우리 곁을 떠난 후, 우리는 그분의 말을, 그분이 우리에게 가르쳐준 유럽을 기록하기 위해서 우리의 강의 노트를 전부 모아 합쳐서 한 권의 책으로 만들었습니다.

유럽이 무엇입니까? "homo europaeus", 그러니까 유럽인은 누구입니까? 파토츠카가 우리에게 말해준 바에 따르면, 유럽은 영혼을 돌보려는 데서 태어났습니다. 유럽인을 정의하는 것은 바로 이 **영혼 돌봄**입니다. 파토츠카는 매일 저녁, 서구의 미래가 여기에 있으니 이 점을 망각하지 말라고 우리를 설득했습니다. 만일 우리가 영혼을 돌보는 것을 멈추는 때가 온다면 유럽은 더 이상 존재하지 않을 것입니다. 여러분 중 몇몇은 저를 한심하다는 듯이 바라보시는군요. 파토츠카의 말이 무슨 뜻인지 설명을 해드리겠습니다.

모든 사람은, 적어도 아직 인간-기계가 되지 않은 인간
은 도덕적 존재입니다. 이는 인간은 의미를 찾는 존재이며,
무엇이 선하고 무엇이 악한지를, 무엇이 가치 있고 무엇이
가치 없는지를, 그리고 진리는 무엇이고 인간 존재의 목적
은 무엇인지 깊게 탐구하는 존재라는 뜻입니다. 이러한 지
식, 도덕적 질서의 지식은 한때 신의 존재에서 구할 수 있었
습니다. 그다음은 자연 그리고 그다음에는 이성—우리 자
신이 소유한 합리성이 우리에게 삶의 의미를 말해줄 수 있
으리라 여겼습니다. 신앙을 잃은 후, 우리는 진보를 믿기 시
작했습니다. 미래가 우리의 모든 문제를 해결해줄 거라 여
겼으니까요. 그렇지만 오래지 않아 자연이 진보를 이끌지
못한다는 점이 드러났습니다. 그리고 계몽이 그토록 많은
가치를 부여했던 이성 또한 우리에게 진보를 보증해줄 수
없었습니다.

그러나 과학은 그럴 수 있었습니다! 기술은 그렇게 할
수 있었습니다! 과학과 기술은 우리가 명백히 볼 수 있는 진
보를 제공했습니다. 적어도, 우리는 그렇다고 생각했지요.
하지만 얼마 지나지 않아 기술적 합리성technical rationality과 기
계적 사고mechanical thinking에는 아무런 의미가 없다는 것이
드러나고 맙니다. 논리logic, 수학mathematics, 기술technology은
가치, 의미, 윤리에 관해서는 아무것도 모릅니다. 파토츠카

의 스승인 철학자 에드문트 후설은 우리의 합리성이 위기에 처했다는 것을 처음으로 알아차린 사람입니다. 기술적이고 도구적인 합리성, 선악이 무엇인지 삶을 의미 있게 만드는 것이 무엇인지에 관해서는 하나도 알지 못하는 합리성이야말로 우리 시대 위기의 핵심이었습니다. 우리 시대의 철학이, 생각하는 방법이 우리에게 아무런 의미도 보여주지 못했기 때문에 지침도, 척도도 제공할 수 없었고, 그리하여 비합리적인 것들이 창궐할 수 있게 되었습니다. 내셔널리즘의 광적인 정치적 열정, 반유대주의, 인종차별주의 그리고 파시즘도 그러한 비합리성에 포함됩니다. 후설은 유럽적 위기는 타락한 합리주의에 그 뿌리를 내리고 있기에, 유럽은 진정한 철학 정신으로부터의 재탄생 아니면 야만이라는 선택의 기로에 직면했다고 확신했습니다.

그저께 발터가 과학과 합리성으로만 제한된 진리가 맞이하는 결과에 대해 몇 가지 중요한 견해를 우리에게 들려주었습니다. 그 점 발터에게 고마움을 표합니다. 오늘날 대학을 비롯하여 전통적으로 유럽 정신의 계발을 목표로 하던 다른 기관들이 이제는 경제학과 기술에 집착하는 와중에 유럽 정신의 파괴에 집중하며, 따라서 우리가 겪고 있는 문명의 심각한 위기를 심화하기만 할 뿐이라는 발터의 주장에 저도 동의합니다.

이 시대와 맞서 싸우기 위해

그러한 야만성을 개인적으로 겪었던 파토츠카에게 1938년 뮌헨의 배신*은 계속 트라우마로 남았습니다. 그것은 서구 유럽이 유럽적 가치의 수호를 누르고 정치적 이해득실이 승리하도록 내버려두기로 선택한 사건입니다. 그 협정이 이루어질 때 파토츠카는 정치공학과 힘의 세계가 유럽 정신을 수호하는 일은 절대 없으리라는 것을 깨달았습니다. 힘의 세계는 오로지 권력에만, 권력과 영토에만 관심을 둘 뿐입니다. 그들은 자유, 정의, 유럽의 영혼에 관심이 없습니다. 그들이 계속 그렇게 남아 있는 한, 이 대륙에서 역사는 계속 스스로를 반복할 것입니다. 유혈 사태의 영원회귀지요. 마사리크, 루스벨트 그리고 처칠 같은 정치인들은 훌륭한 예외 사례입니다. 그 점 때문에 그들이 정치적 리더였던 것이죠. 특출한 혈통이란 말입니다. 파토츠카는 그 점을 알았고, 그래서 진정한 철학의 정신을 재발견하고 그것을 우리에게 가르치는 것을 자신의 소명으로 삼았습니다. 그가 플라톤을 읽기 시작하면서 플라톤은 그의 스승이 되었고, 유럽의 영혼을 찾는 여정에서 그의 베르길리우스

---

* 1938년 맺어진 뮌헨 협정을 가리킨다. 체코슬로바키아를 배제한 채 영국, 독일, 이탈리아, 프랑스가 원래 체코슬로바키아의 영토이던 주데텐란트의 독일 합병을 승인했다.

가 되었습니다.[*]

파토츠카가 플라톤에게서 가장 먼저 배운 것은 진정한 철학이란 **형이상**학metaphysics이라는 점이었습니다. 형이상학은 실증주의, 일상의 세계를 초월하는 철학입니다. 왜냐하면 그것은 인간 실존의 더 심원한 의미를 이해하고자 하는 학문이기 때문입니다. 유럽 문화를 특별하게 만드는 것이 바로 그 점입니다. 유럽은 예로부터 전해온 관습의 전통이 아닙니다. 유럽은 그런 것이 아니고, 다른 무엇보다도 진정한 인간성의 탐색입니다. 인간 실존의 정수가 무엇입니까? 이것은 소크라테스가 거의 모든 대화편에서 강조하는 것입니다. 인간을 인간답게 만드는 것은 영혼, 불멸의 영혼입니다. 영혼이 있기 때문에, 오로지 인간만이 자신의 취약함, 자신의 필멸성을 완전히 이해하는 생물인 것입니다. 모든 남자와 여자가 이러한 근원적 불안을 느낍니다. 동시에 영혼이 있기에 우리는 스스로의 탁월함을 느낄 수 있습니다. 영혼이 우리가 덧없는 것이 아닌 절대적이고 영원한 것, 진리, 선, 미, 사랑 그리고 정의를 알 수 있게 해주기에 우리는 인간의 위대함에 감동합니다. 이 사람을 보라Ecce homo.[**]

---

[*] 단테의 《신곡》에서 저승 여정의 동행자이자 인도자, 스승으로 등장하는 로마 시인 베르길리우스의 역할에 빗대어 표현한 것이다.

이 시대와 맞서 싸우기 위해

인간 존재의 위대함은 자신의 시대에 속하면서도 이러한 영원한 정신적 가치를 생성할 수 있는 그들의 능력에 있습니다. 우리가 이러한 불멸의 세계를 경험할 수 있도록 하는 것이 모든 위대한 예술가의 목표이기도 합니다. 저처럼 프라하 토박이인 카프카는 자기 일기에 이런 욕망을 기록해두었습니다. "나는《시골의사》같은 작품이 성공작인 척하면서(전혀 그런 것 같지 않지만) 일시적으로 만족할 수 있다. 그러나 내게 행복이 찾아오는 때는 내가 세계를 순수하고 진실하며 불멸하는 차원으로 끌어올릴 수 있을 때뿐이다." 그 이전에는 매우 유럽적인 영혼을 가진 미국인인 월트 휘트먼이 그의 불멸의 작품《풀잎》에 이렇게 썼습니다. "우리에게 알려진 삶, 잠시 거쳐 가는 이 삶의 목적과 그 정수는 알려지지 않은 삶, 영원한 삶을 위한 자아를 형성하고 결정하는 것이라고 나는 꿈꾸었다."

그보다 더 앞서, 단테는《신곡》의 〈지옥〉 편에서 스승 브루네토 라티니Brunetto Latini에게서 배운 것으로 자신의 예술과 존재의 정수를 표현합니다. "m'insegnavate come l'uom s'etterna", 즉 "당신은 인간이 스스로를 불멸의 존재

***

❋❋ 요한복음 19장 5절, "이에 예수께서 가시관을 쓰고 자색 옷을 입고 나오시니 빌라도가 그들에게 말하되 보라 이 사람이로다 하매".

로 만드는 방법을 저에게 가르쳐주셨고"(〈지옥〉 XV 85.).

따라서 시인의 언어, 뮤즈의 언어는 우리 인간에게 주어진 가장 귀중한 선물 중 하나입니다. 그 언어를 통해 우리는 말로 표현된 절대이성Logos을, 정신적 가치의 의미를 아는 법을 배웁니다. 언론이 웅성거리는 수다, 정치인들의 헛소리, 상거래에서 오가는 판매 교섭, 내용 없는 학술 용어, 이 모든 것은 말 그대로도 비유적으로도 아무것도 말하지 않습니다. 의미가 없기 때문입니다.

영혼의 돌봄, 자기 시대에 영원의 자리를 만드는 능력—이것이 바로 철학입니다. 철학은 우리 모두에게 자신을 넘어서고, 더 나은 자신이 되고, 자신을 바꾸고, 진리와 정의가 머물 곳을 이 세상에 내줄 수 있는 능력을 가지게 해줍니다. 유럽의 정수는 그러므로 정치학도, 경제학도, 기술도 아닙니다. 유럽의 정수는 그런 것이 아니라 문화culture, 오로지 문화입니다. 우리가 가진 문화라는 개념이 키케로의 말에서 유래한 것은 우연이 아닙니다. "cultura animi, filosofia est", 즉 "영혼을 수양하는 것, 그것이 철학이다". 이는 소크라테스가 키케로에게 가르쳐준 지혜의 말이며, 진정한 유럽인이라면 모두 이 말을 심장에 새기고 있습니다. 영혼 수양, 정신적 가치의 쉼 없는 탐색과 그 가치를 우리 것으로 만들기 위한 노력과 같은 모든 것에 필요한 철학,

이 시대와 맞서 싸우기 위해

철학이라는 그 이름에 걸맞는 철학은 형이상학뿐입니다. 철학은 교리나 이념이 될 수 없는데 선, 미 그리고 진리는 절대로 단일한 형태로 붙잡을 수 없기 때문입니다. 이 탐구, 영혼의 돌봄, 진리를 추구하고 세계를 정의로운 곳으로 만들려는 불굴의 노력은 결코 완성되는 법이 없습니다. 그러므로 유럽인이라는 것은 무엇보다도 정황성state of mind*이며, 유럽은 결코 완결되지 않습니다.

유럽인이 된다는 것은 또한 **투쟁**fight을 의미합니다. 유럽 인문주의 사회를 위한 투쟁이지요. 그 사회는 개인이 아니라 인간 존재의 개념이 중심이 되는, 교육으로—무엇보다도 대학이—청년들이 자신의 고유한 문화적-도덕적 양심을 함양하는, 인간의 영혼이 경작되어 사람들이 도덕적으로 성숙해지고 진리와 정의를 향한 갈망이 그들을 이끄는 그런 사회입니다. 이것만이, 영혼 돌봄—진리와 정의로 영혼을 살찌우고, 진실하고 정의로운 세계에 살고자 하는 갈망—만이 문명화되고자 하는 세계의 척도, 지침이 될 수 있기 때문입니다.

그러나 현실을 보십시오! 세계를 보라ecce mundus. 파토

---

* 철학적 맥락에서는 세계에 피투被投된(내던져진) 상황을 가리킨다.

츠카가 왜 살해당했는지, 왜 우리 시대에는 아무도 그를 모르는지 보십시오. 그리고 만일 그가 지금까지 살아 있었대도 그는 완전히 무시당했을 테고 분명 대학 교수 자리를 얻지 못할 것입니다. 여러분이 제가 사랑하는 작가 카프카의 《심판》을 읽어보셨는지 모르겠군요. 소설에서 이름 없는 주인공 K는 성당에서 우연히 어떤 신부를 만나는데, 그 신부는 쓸모 있고 필요한 것에만 호소하기 때문에 온갖 고생을 한 K에게 허튼소리를 합니다. 그리고 K는 "거짓이 세계의 질서가 되는군요"라고 신부에게 대답합니다.

유럽연합이 하는 일이 바로 그것입니다. 저로서는 비탄스럽게도 말입니다. 유럽적이라고 자칭하는 그 연합은 경제적 연합체에 지나지 않고, 거기에서 **영혼, 문화, 철학** 그리고 **진리 추구** 같은 말은 달에서 자라는 야자수만큼이나 불가능합니다. 정신적 기반, 유럽의 영혼을 부정하고 끝없는 오만으로 경제, 기술 그리고 국익만을 중시하면서 문화, 철학 그리고 예술을 무시하고, 경제적 이득과 정치적 가치에 따라서만—심지어 후자마저 아주 조금만 고려하는—관료주의와 외교를 조장함으로써 우리는 거짓이 이 연합의 질서가 되도록 내버려두었습니다. 그것은 우리가 인류의 진정한 위대함을 망각하도록 만듭니다. 영혼을 경작하는 대신, 우리는 내셔널리즘의 재탄생, 기술의 하찮음, 상업의

이 시대와 맞서 싸우기 위해

천박함 그리고 언론과 대학이 조장한 어리석음을 목도하고 있습니다.

파토츠카가 우리에게 거듭 말하길, 우리는 우리뿐 아니라 전 지구와 인류의 미래에 오래도록 영향을 미칠 선택의 기로에 서 있습니다. 우리는 야만의 회귀를 받아들일 것입니까, 아니면 정신의 고귀함을 재탄생시키기 위해 투쟁할 것입니까? 저는 늙은이입니다, 친애하는 여러분. 제 몸은 낡아버렸고 그다지 오래 더 살지 못할 겁니다. 그 선택은 여러분이 내려야 합니다. 그것은 쉬워야 마땅하겠습니다만, 제가 살아온 나날들이 이 선택이 얼마나 어려운지를 가르쳐주었습니다. 왜냐하면 대부분의 사람들은 그저, 그렇게 투지가 있고 용감하지가 못하거든요.

라딤이 말을 마치자 적막이 맴돌았다. 어떤 사람이 마침내 감히 무언가 말해볼 용기를 냈을 때, 라딤은 지팡이를 짚고 도서관을 떠났다. 나는 유령을 본 기분이었다. 소크라테스의 유령 말이다.

일요일

오후가 되었다. 곧 나도 너무나 사랑하는 이 장소를 떠나 이제 저지대 쪽으로 돌아갈 것이다. 어젯밤에는 잠을 설쳤다. 나는 계속 라딤의 이야기—사실은 강연에 더 가깝지만—를 생각했다. 아침을 먹고 짐을 챙겨두었고, 아름다운 가을날을 만끽하며 마지막 산책을 하려고 했다. 숲을 가로질러 가서 목초지를 지나 호텔로 돌아올 생각이었다. 숲에 도착하니, 앞쪽에 몸집이 자그마하고 구부정한 남자가 체격에 비해 너무 큰 코트를 입고 지팡이를 짚으며 천천히 걷고 있었다. 그런 사람은 라딤밖에 없다. 나는 빠르게 그를 향해 걸어갔고, 나를 알아본 그는 이렇게 말했다. "이리 오시오, 젊은이, 팔 좀 빌려주구려. 짚을 데가 좀 더 있으면 더 쉽게 걸을 수 있지. 아니면 오래 멀리까지 걸으려 하시는가? 그렇다면 방해하고 싶지는 않아요." 나는 라딤에게 팔을 내주었고, 호텔을 떠나기 전에 잠시 산책을 하려고 한 것뿐이고 그가 어제 해준 모든 말에 대단히 감사하다고 말했다.

"좋아요," 라딤이 대답했다. "진짜로 경청하고 싶었던 사람이 적어도 한 명은 있었던 모양이구먼."

"저만 경청한 건 아닐 걸요, 라딤."

"뭐, 그렇게 큰 상관은 없지. 이리 오시오, 저기 의자가 있군. 앉아서 잠시 쉬면서 시가를 피워야겠어."

"그게 현명한 행동일까요?"

"아이고 젊은이, 이 늙은이는 살날이 얼마 안 남았다네. 살아 있는 한 지상의 아름다움과 삶의 쾌락을 즐기고 싶

　　　　　　　　　이 시대와 맞서 싸우기 위해

네만." 그는 너무나 좋아하는 시가에 불을 붙이고는 물었다. "왜 이 심포지엄에 참석을 한 겐가?"

나는 그에게 에우로페 공주를 찾는 내 탐색과, 그가 언젠가 돌아올 수 있을지에 대한 내 의문을 말해주었다. 또 나는 라딤에게 내가 어떻게 우연히 실스마리아로 가서 그랜드 호텔 발트하우스에 묵었는지, 거기서 무엇을 보고 들었는지 전부 말해주었다. 세계의 지배권을 자기 교회에 맡기려는 신부와, 안네 프랑크가 휴가를 보내면서 놀았던 집 근처를 산책한 것, 파울 첼란을 회상한 것까지도……

"여기서 당신을 만나게 되어서 저는 정말 기뻐요, 라딤. 정말로 기쁩니다. 당신은 저에게 다시 용기를 주었고 저는 이제, 당신이 말했듯이 쉽지는 않겠지만, 에우로페가 돌아올 수 있다고 감히 다시 한 번 믿게 되었어요."

유행하는 스타일이라고는 절대 말 못할 모양의 안경 뒤에서 작은 눈을 번뜩이며, 주름진 얼굴에 미소를 띠고 라딤이 말했다. "아, 에우로페, 그 아름답고 용감한 공주 말이군. 공주는 분명 다시 돌아올 거야. 하지만 그러면 자네는 그에게 이야기를 해줘야 할 거야. 에우로페는 눈물이 가득한 이야기이면서, 위대한 업적이자 죽지 않는 꿈이기도 하다네. 자, 이제 가세나. 자네는 집에 가서 이야기를 해야겠지. 내 생각에 그 이야기는 책 한 권이 될 만큼일 거야."

한국어판 서지 사항*

- 11쪽: 아놀드 토인비, 《역사의 연구》 1·2, 홍사중 옮김, 동서문화사, 2016.
- 15쪽: 롭 리멘, 《정신의 고귀함: 망각된 이상》, 이성민 옮김, 오월의봄, 2019.
- 34쪽《대중의 반란》:
  오르테가 이 가세트, 《대중의 반역》, 황보영조 옮김, 역사비평사, 2005.
- 53쪽: 조르조 바사니, 《핀치콘티니가의 정원》, 이현경 옮김, 문학동네, 2016.
- 64쪽: 보리스 파스테르나크, 《닥터 지바고》 1·2, 김연경 옮김, 민음사, 2019
- 70쪽《파시즘의 해부학》:
  로버트 O. 팩스턴, 《파시즘: 열정과 광기의 정치 혁명》, 손명희·최희영 옮김, 교양인, 2005.
- 82쪽《즐거움과 나날》:
  마르셀 프루스트, 《쾌락과 나날》, 최미경 옮김, 미행, 2019.
- 83쪽《즐거운 지식》:
  프리드리히 니체, 《니체 전집 12: 즐거운 학문·메시나에서의 전원시·유고(1881년 봄~1882년 여름)》, 안성찬·홍사현 옮김, 책세상, 2005.
- 84쪽: 프리드리히 니체, 《인간적인, 너무나 인간적인》 1·2, 김미기 옮김, 책세상, 2001~2002.
- 93쪽: 표도르 도스토예프스키, 《카라마조프 가의 형제들》 1·2·3, 김연

---

* 본문에 등장하는 문헌 중 한국어판이 출간된 경우에는 독자들이 참고할 수 있도록 그 서지 사항을 다음과 같이 기재했다. 한국어판을 직접인용한 부분들은 160쪽에 별도의 항목으로 정리했다.

경 옮김, 민음사, 2007.

- 96쪽: 파울 첼란,《죽음의 푸가》, 전영애 옮김, 민음사, 2011.
- 97쪽: 프리드리히 니체,《차라투스트라는 이렇게 말했다》, 정동호 옮김, 책세상, 2007(개정판).
- 105쪽: 토마스 만,《마의 산》상·하, 홍성광 옮김, 을유문화사, 2008.
- 105쪽: 토마스 만,《파우스트 박사》1·2, 김륜옥 옮김, 문학과지성사, 2019.
- 118쪽: 루트비히 비트겐슈타인,《논리-철학 논고》, 이영철 옮김, 책세상, 2020(개정판).
- 129쪽: 로베르트 무질,《특성 없는 남자》1·2, 안병률 옮김, 북인더갭, 2013.
- 130쪽: 에리히 프롬,《악에 대하여/인생과 사랑/희망의 혁명/불복종과 자유》, 고영복 옮김, 동서문화사, 2020.
- 131쪽: 베네딕투스 데 스피노자,《신학-정치론》, 김호경 옮김, 책세상, 2018.
- 151쪽: 프란츠 카프카,《변신·시골의사》, 전영애 옮김, 민음사, 1998.
- 151쪽: 단테 알리기에리,《신곡》, 박상진 옮김, 민음사, 2007.

직접인용된 한국어판 서지 사항

- 9쪽: 쇠렌 키에르케고어,《이것이냐 저것이냐》2, 임춘갑 옮김, 치우, 2012, 번역 일부 수정.
- 20쪽: 프리드리히 니체,《니체 전집 2: 비극의 탄생·반시대적 고찰》, 이진우 옮김, 책세상, 2007.
- 24~25쪽: 알베르 카뮈,《페스트》, 김화영 옮김, 민음사, 2016, 번역 일부 수정.
- 27~28쪽: 알렉시 드 토크빌,《아메리카의 민주주의》2, 이용재 옮김, 아카넷, 2018, 중간 생략은 롭 리멘.

- 46~47쪽: 프리모 레비, 《가라앉은 자와 구조된 자》, 이소영 옮김, 돌베개, 2012.
- 47~48쪽: 알베르 카뮈, 《반항하는 인간》, 김화영 옮김, 책세상, 2003.
- 72쪽: 알베르 카뮈, 같은 책.
- 76쪽: 월트 휘트먼, 《풀잎》, 허현숙 옮김, 열린책들, 2011.
- 84~85쪽: 프리드리히 니체, 《선악의 저편·도덕의 계보》, 김정현 옮김, 책세상, 2002, 강조와 중략은 롭 리멘.
- 94쪽: 프란츠 카프카, 《심판》, 김현성 옮김, 문예출판사, 2007.
- 102~103쪽: 라이너 마리아 릴케, 《소유하지 않는 사랑: 릴케의 가장 아름다운 시》, 김재혁 옮김, 고려대학교출판부, 2003.
- 154쪽: 프란츠 카프카, 《심판》.
- 본문에 인용되는 성서(55쪽, 56쪽, 113~114쪽, 151쪽)는 모두 개역 개정판의 번역을 참고했다.

옮긴이의 말

독일 바이에른 주의 주도이자 유럽 경제와 문예의 중심지 중 하나인 뮌헨에서 기차로 한 시간 정도 떨어진 곳에 다하우라는 작은 도시가 있다. 중세풍마저 느껴지는 이 독일 소도시는 뮌헨과 다른 방식으로 유럽 역사에 각인되어 있다. 히틀러가 나치 독일 총통으로 취임한 직후 완공되어 이후 다른 나치 강제수용소의 모델이자 참조점이 된 다하우 강제수용소 Konzentrationslager Dachau가 있던 도시이기 때문이다. 1945년에 미군이 점령하여 수용자를 해방시키기까지 유대인, 정치범, 사상범, 퀴어 등으로 이루어진 적어도 20만 명의 수감자가 다하우 수용소를 거쳐 갔으며 그중 수만 명이 고문, 인체 실험, 기아, 질병에 시달리다 사망하거나 아우슈비츠 죽음의 수용소로 이송되었다. 오늘날 수용소의 광대한 부지는 희생자들을 기리는 추모관과 전시관으로 바뀌었다. 고통받는 수감자와 그들의 연대를 형상화한 조각을 지나 국제 추모비의 관람로를 따라가면 신원을 알 수 없는 수용자들의 화장된 유해를 합장한 무덤에 도착하게 된다. 무덤 뒤편 벽에는 다섯 개 언어로 "절대 되풀이되어서는 안 된다"는 문구가 새겨져 있다. 그러나 이 책의 저자 롭 리멘에 따르면, 우리는 이 간절한 염원이 무로 돌아가고 있는 시대에 살고 있다.

파시즘이 귀환한 것이다. 그야말로 영원회귀, 모든 것이 되풀이된다. 리멘이 진단한 2010년대의 미국과 유럽은 독일에서 나치즘이 발흥하기 시작한 1920~1930년대와 여러모로 비슷한 시기다. 사람들은 군중심리에 휩쓸려 방황하고 넘쳐나는 말들은 진리를 담지 못한 채 낭비되며, 제한 없이 표출되는 악의와 원한이 의사소통 공간을 점령한다.

리멘이 2010년 이런 주장을 했을 당시에는 '파시즘'이라는 용어 선택 혹은 나치즘과 현대 유럽 극우주의를 병렬하는 시도가 지나친 과장이라는 비판의 목소리가 컸다. 그러나 2020년 현재에 이르기까지 상황은 리멘의 경고가 결코 기우만은 아니었음을 증명하는 방향으로 전개되고 있다. 독일을 예로 들면, 2019년 한 20대 독일인 남성이 독일 할레에 있는 시나고그(유대인 회당)를 겨냥해 무차별 총격을 벌이며 그 과정을 인터넷 스트리밍 서비스로 생중계했다. 같은 해, 난민을 옹호했다는 이유로 독일 헤센 주 정치인이 살해당한 일도 있었다. 2020년 6월 독일 정부는 '북방의 귀족nordadler'이라는 정치 단체가 반유대주의와 나치 사상을 드러낸다는 이유로 이 단체에 집합 금지를 명령했는데, 이러한 사유로 정치 단체가 집합 금지 처분을 받은 일이 올해 들어 벌써 세 번째다. 이 단체들이 당원 모집과 관리에

이 시대와 맞서 싸우기 위해

텔레그램을 이용하는 등 주로 딥 웹deep web에서 활동한다는 점을 고려하면 아직 발각되지 않은 단체가 더 있을 것이라고 추정되는 상황이다. 이뿐만 아니라, 최근 독일에서는 '극우 성향'을 가진 이들이 좌파 정치인에게 살해 협박을 가하는 일이 빈번히 발생했는데, 2020년 7월 협박을 당한 좌파 정치인들의 신상 정보를 우파 단체에 유출한 것이 해당 단체에 동조하는 경찰들이었음이 밝혀져 사회를 충격에 빠뜨렸다. 독일뿐 아니라, 저자의 나라인 네덜란드를 비롯해 유럽 다른 지역의 사정도 별반 다르지 않다. 2010년 이후 '극우' 정당이 약진했고, 혐오의 정서도 두드러졌다.

이 일련의 사건과 흐름을 묘사할 때 사용되는 '극우'나 '백색 테러'라는 표현이 '네오 나치'와 '파시즘적 폭력'의 완곡어법이라는 사실은 이미 부인할 수 없을 지경에 이르렀다. 그러나 파시즘이 회귀했다는 저자의 선언이 현대의 파시스트들이 저질렀거나 저지르려고 했던 폭력의 심각성이나 인명 피해의 숫자에만 근거한 것이 아님을 유의할 필요가 있다. 그들이 파시스트인 것은 그 행위가 폭력적이어서도, 나치당을 추종해서도 아니다. 저자 리멘이 그들을 파시스트라고 부르는 이유는 그들이 신봉하고 조장하고 이용하는 주장과 정서가 파시즘적이기 때문이다. 리멘은 그러한 주장과 정서가 세계적으로 꽤 많은 공감을 얻고 있다는 점을 우려한다. 이제 파시즘이라는 말은 더 이상 낡은 용어도, 지나간 시절만을 가리키는 말도 아닌 것이다.

　본문에 실린 두 편의 글은 주로 2000년대 초반에서 2010년까지 유럽에서 준동하기 시작한 파시즘의 양상을 중심으로 파시즘 현상을 분석한다. 그러나 동시에 이 책은 과거 어느 한 시기에 대한 성찰이나 특수한 지역에 대한 분석에서 멈추지 않고, 2020년대에도 여러 언어로 번역되며 지속적인 현재성을 띠고 있다. 그 이유 중 하나는 파시즘의 귀환을 선포하는 것을 넘어서 거기에 맞서 싸울 수 있는 유일하고 고귀한 무기를 독자들과 공유하고자 하기 때문이다. 말하자면 코흐와 예르생이 탄저병균과 페스트균을 '발견' 했듯이, 저자는 우리가 무심히 보아 넘기는 파시즘이라는 병원균을 발견할 뿐 아니라 그것을 막을 수 있는 백신이나 소독약을 제시하고자 하는 것이다. 리멘이 제시하는 치료법과 방역 조치를 관점에 따라 시원으로의 회귀를 바라는 열망의 형태를 띤 반동으로 읽을 수도, 새롭고 예측 불가능한 미래를 향한 의지와 낙관으로 읽을 수도, 전자와 후자를 포괄하는 제3의 무엇으로 읽을 수도 있을 것이다. 그 어떤 비유도 단순할 수 없으며, 그런 점에서 리멘의 이 비유 역시 결코 가볍지 않다. 무엇보다, 지금 우리는 코로나19의 시대를 살아가고 있다. 감염병이 촉발한 인간의 유한성에 대한 자각이 도리어 타자를 향한 폭력으로 돌변하는 지금 이 시대에 리멘의 비유는 세균과 질병, 백신이라는 비유가 드러내는 철학에 동의하지 않는 이들에게도 많은 고민거리를 던져준다.

이 한국어판은 리멘이 네덜란드어로 발표한 두 편의 글을 모아 리멘 자신이 영어로 번역하여 2018년에 노턴 출판사에서 다시 출간한 단행본을 기준으로 번역했다. 영어판에서 종족으로서의/인문주의적 인간을 뜻하는 모든 대명사는 남성형(he/man)이었으나, 한국어판에서는 성별중립적 대명사 '그'로 번역했다. 미흡한 원고를 고쳐주시고 몇몇 번역어를 함께 고민해주신 편집자 임세현 님과 진용주 님께 감사드린다. 독일 파시즘의 현재를 생생하게 전해주었으며 토마스 만의 〈주의하라 유럽이여〉 번역에 큰 도움을 준 E.Cho 님에게도 고마움을 전한다. 이미 많은 사람들과 좋은 사유를 나눈 이 책이 한국에서 새롭고 더 완전한 삶을 힘차게 시작하기를 희망한다.

2020년 7월
조은혜

이 시대와 맞서 싸우기 위해

초판 1쇄 펴낸날	2020년 10월 19일
지은이	롭 리멘
옮긴이	조은혜
펴낸이	박재영
편집	이정신·임세현·한의영
마케팅	김민수
디자인	조하늘
제작	제이오
펴낸곳	도서출판 오월의봄
주소	경기도 파주시 회동길 363-15 201호
등록	제406-2010-000111호
전화	070-7704-2131
팩스	0505-300-0518
이메일	maybook05@naver.com
트위터	@oohbom
블로그	blog.naver.com/maybook05
페이스북	facebook.com/maybook05
인스타그램	instagram.com/maybooks_05
ISBN	979-11-90422-51-2 03100

이 도서의 국립중앙도서관 출판시도서목록(CIP)은 e-CIP홈페이지(http://nl.go.kr/ecip)와
국가자료공동목록시스템(http://www.nl.go.kr/kolisnet)에서 이용하실 수 있습니다.
(CIP 제어번호 : CIP2020041840)

책값은 뒤표지에 있습니다. 잘못된 책은 바꾸어 드립니다.

만든 사람들

편집	임세현
교정교열	진용주
디자인	조하늘